汽车电路图识读
入门到精通
基础篇

蔡永红 主编

化学工业出版社
·北京·

图书在版编目（CIP）数据

汽车电路图识读入门到精通——基础篇／蔡永红主编．—北京：化学工业
出版社，2014.9（2022.2重印）
ISBN 978-7-122-21253-5

Ⅰ.①汽⋯ Ⅱ.①蔡⋯ Ⅲ.①汽车-电气设备-电路图 Ⅳ.①U463.62

中国版本图书馆CIP数据核字（2014）第150314号

责任编辑：周　红　　　　　　　　　　　　　文字编辑：陈　喆
责任校对：边　涛　　　　　　　　　　　　　装帧设计：王晓宇

出版发行：化学工业出版社（北京市东城区青年湖南街13号　邮政编码100011）
印　　装：北京虎彩文化传播有限公司
880mm×1230mm　1/16　印张10¼　字数265千字　2022年2月北京第1版第10次印刷

购书咨询：010-64518888　　　　　售后服务：010-64518899
网　　址：http://www.cip.com.cn
凡购买本书，如有缺损质量问题，本社销售中心负责调换。

定　　价：39.90元

前言

随着汽车市场的繁荣和汽车保有量的不断攀升，汽车维修行业也蓬勃发展，维修队伍不断壮大。虽然维修人员众多，但技术水平却参差不齐，一个普遍的问题就是，相当一部分人看不懂电路图。

现今汽车的电控技术已达到相当高的水平，看图修车已成为汽车维修人员必须具备的基本技能，只有读懂电路图，才能快速、准确地判断故障，找到故障点，从而排除故障。

由于汽车电子技术的发展，汽车电路图变得越来越复杂，再加上汽车品牌众多，各生产厂家电路图的绘制风格各异，电路图图形符号、标注也不尽相同，这给电路图的识读增加了很大的困难。看电路图，特别是电路原理图，对于相当一部分入门级水平的汽车维修人员来说，是一件头疼的事情。为满足广大维修工作人员的需要，特编写了《汽车电路图识读入门到精通——基础篇》和《汽车电路图识读入门到精通——实战篇》这套书。本册是《汽车电路图识读入门到精通——基础篇》，特点如下：在编写过程中，本着从初学汽车电路人员的实际需要出发，从基础的电学知识讲起，对原理的阐述尽量通俗化，繁杂的问题简单化，使初学者快速入门，掌握汽车维修技术。

本书特别适合有志从事汽车维修的初学者自学、进修使用，也可作为大、中专及中、高职汽车维修专业的培训教材和参考书。

本书由蔡永红主编，参加编写的人员还有肖永波、曾宪忠、黄富君、朱万海、王家富、辜学均、曾凡彬、罗艳、王挺、兰燕琼、陈正莲、宋秋虹、肖良军、蒋群芳、程远东、肖翠英、李莹等。

限于编者水平，书中难免有不足之处，敬请广大读者批评指正。

编　者

目录

CONTENTS

第一章　汽车电路识读基础

第一节　汽车电工基础

一、电的基本知识

1. 电的产生

物质由分子、原子构成。原子也有进一步的结构（如图1-1所示为氢原子的结构），它的中心是原子核（原子核由质子和中子构成），在原子核周围，有一定数目的电子在核外运动，电子带负电。

原子核带正电，在通常情况下，原子核带的正电荷与核外所有电子所带的负电荷在数量上相等。原子整体不显电性，物体对外也不显电性。

不同的原子核束缚电子的本领不同，靠近原子核里面轨道的电子受质子的吸引作用强，而远离原子核外层的电子受质子的吸引作用弱，叫做自由电子。电子可以通过摩擦、加热、发光、压力、化学作用和磁作用等被释放。这些自由电子在电动势的作用下移动，从一个原子到另一个原子，这样一连串的自由电子就形成了电流。

电子在某些物体中移动比在其他物体中移动更容易些，这些物体如铜、铁和铝等，它们很容易导电，所以被称作导体。与导体相对的是绝缘体，绝缘体不容易导电。

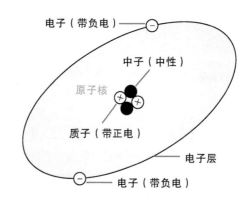

图1-1　氢原子的结构

2. 电流

电荷的定向运动形成电流。电流只在含有很多自由电子的物体中流动。电流是对在导体里移动的电子流的称谓，就如管子里的水由水压推动一样，导线里的电流则被电压推动。水的流量是用流量表来计量的，同样，电流是用电流表以安培（A）为单位来计量的，其做法是将电流表接入电路中，如图1-2所示。

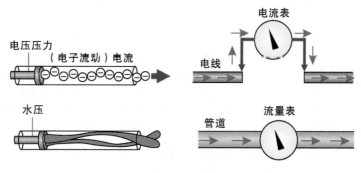

图1-2　电流

电流的单位有安培（A）、毫安（mA）、微安（μA），1A=1000mA，1mA=1000μA。

电流用字母"*I*"来表示。通常规定电流的方向是从高电位（正极）到低电位（负极）（如图1-3所示）。在实际电路中可选定参考方向，若实际方向与参考方向相同，电流为正值；若实际方向与参考方向相反，电流为负值。

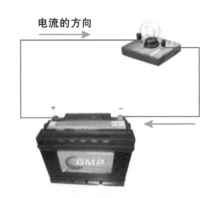

图1-3　电流的方向

 提示

汽油发动机启动电流为200～600A，有些柴油机启动电流达1000A。

✳ 3. 电压

电压是导致电子在导电体内流动的一种电力或压力，是位于两点之间的电位差。电压就如水压一样，水的流动是因为有水压（水位差），如图1-4所示，水是由高水位向低水位流动。在电路中，由于有电压（电位差）的存在，电流就会从高电位点流向低电位点。

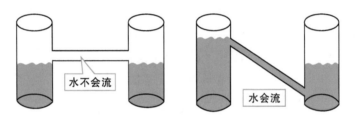

图1-4　水位差

图1-5（a）中水流的形成是由于抽水机给水流提供能量，抽水机的工作使水路存在一个稳定的水压，从而保证水流得以持续。图1-5（b）中电源作用与抽水机作用类似，它给电路中的电流提供能量，使电路存在一个稳定的电压，从而保证电流得以持续。电压是使自由电荷发生定向移动的原因，但是当电路无电流流动时，电压依然存在。

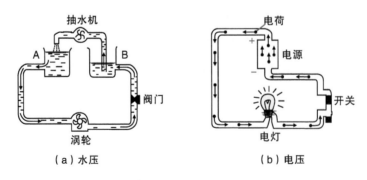

（a）水压　　　　　　　（b）电压

图1-5　水压与电压

电压分为直流电压与交流电压。如果电压的大小及方向都不随时间变化，则称之为直流电压，用大写字母"*U*"表示。汽车电路中的电压一般指的是12V的直流电压。通常规定电压的参考方向为高电位（"＋"极性）端指向低电位（"－"极性）端，即电压的方向为电位降低的方向。

电压的国际单位制为伏特（V），常用的单位还有千伏（kV）、毫伏（mV）、微伏（μV）等。

它们之间的关系是：1kV=1000V，1V=1000mV，1mV=1000μV。

4. 电阻

所有电子元件和电路都有电阻。电阻即阻止电流流动及减缓流动的力（如图1-6所示）。电阻将电能转换成其他形式的能，如热能、光能或动能。没有电流时可用欧姆表直接测量元件的电阻，计量单位为欧姆。用电压表间接测电阻可先测出运行电路中的压降，从而显示出电路里被测试部分因电阻而变化的电压。

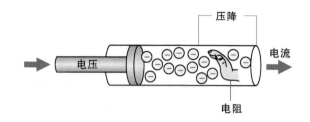

图1-6　电路中的电阻

影响电阻大小的因素有：导体的材料、长度、温度和导体的横截面积。

5. 欧姆定律

前面讲了电的三要素，即：电压、电流、电阻。它们之间的关系就是欧姆定律。

写成公式形式：

$U = RI$

U——电压，V；

R——电阻，Ω；

I——电流，A。

欧姆定律公式如图1-7所示。

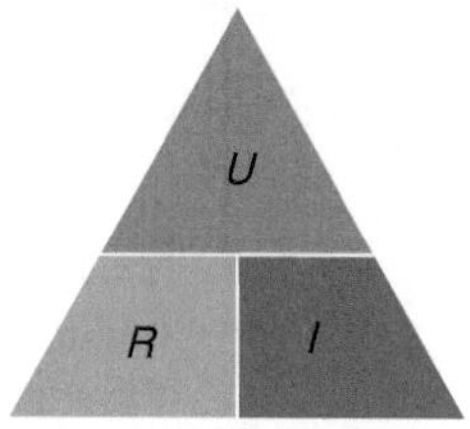

图1-7　欧姆定律公式

也就是说：如果电阻恒定而电压变化，电流将随电压的增大或减小而（成比例地）增大或减小；如果电压恒定而改变电阻，电流与电阻的变化相反，电阻变大时电流将减小，而电阻减小时电流增大。

为在汽车电路中应用欧姆定律，记住它的一个较容易的方法是把它想象为一个电压恒定的跷跷板，如图1-8所示。电压不变时，如果电阻下降，则电流便会上升。反之，电阻升高，电流下降。

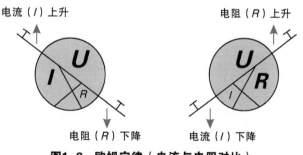

图1-8　欧姆定律（电流与电阻对比）

二、电路及其工作状态

1. 电路

电路是电流流过的路径。把一个灯泡通过开关、导线和干电池连接起来，就组成了一个照明电路，如图1-9所示。

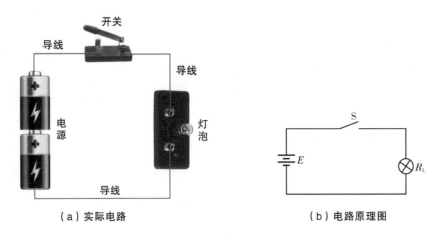

（a）实际电路 （b）电路原理图

图1-9 简单电路

任何一个完整的实际电路，不论其结构和作用如何，通常都是由电源、负载、控制和保护装置及连接导线组成，如图1-10所示。

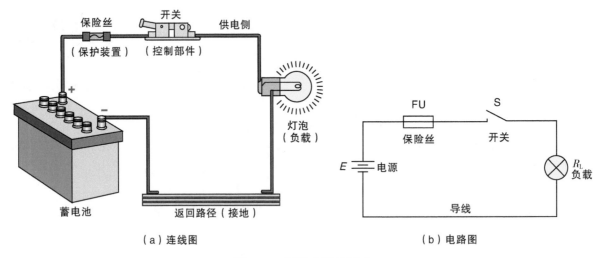

（a）连线图 （b）电路图

图1-10 简单电路的组成

（1）电源

图1-10中的蓄电池就是电源。电源是电路中产生电能的设备，如汽车上的发电机、蓄电池都是电源。发电机是将机械能转换成电能，蓄电池是将化学能转变成电能。

（2）负载

负载是将电能转换成其他形式能量的装置。灯泡、电炉、电动机等都是负载。灯泡是将电能转变成光能，电炉是将电能转变成热能，电动机是将电能转变成机械能。

（3）控制和保护装置

图1-10中的保险丝是保护装置。开关用于控制电路通断，是控制部件。

（4）导线

导线是用来连接电源和负载的元件。汽车电路中，蓄电池和电路的负极与车体的金属架连接上，以车体本身代替导线。

✳2. 电路的工作状态

电路的工作状态有三种，即通路、断路、短路。

（1）通路

它是指从电源的一端沿着导线经过负载最终回到电源另一端的闭合电路。如图1-11所示为一个通路。

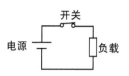

图1-11　通路

（2）断路

它也叫开路，指由于插头断开、电线截断、保险丝烧断或其他原因致使电流不能从电源正极流向负载和负极的不完整的电路。如图1-12所示，当开关断开时，电路中的电流为零，此时的状态为断路。

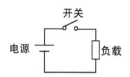

图1-12　断路

 提示

> 在汽车电路中，由插接器连接问题造成的断路故障比较常见。

（3）短路

它是指在电源正极和负极之间，负载被导线直接短接或负载内部击穿损坏，电流绕过了部分或全部电路负载而流过的较短（电阻较小）路径。短路会造成电流增加，保险丝烧毁。如图1-13所示的状态为短路。

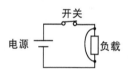

图1-13　短路

三、电路基本连接方式

电路基本连接方法有三种：串联、并联和混联。人们可根据电源、负载、导体以及控制或保护装置的连接情况来确定是哪种类型的电路。

✳1. 串联电路

这是一种最简单的电路，电源、负载、导体以及控制和保护装置都与仅有的一条路径相连。每个元件的电阻都可以是不同的，数值相同的电流将流经每一个元件，所以通过每个元件的电压也将是不同的。如果路径损坏，电流便不能通过。串联电路可以用水流来描述，如图1-14所示。

串联电路定律：

① 电路的总电阻等于各电阻之和。

② 串联电路中每一点的电流都是相同的。

③ 串联电路中各个压降的总和等于电路两端的总电压或电源电压。

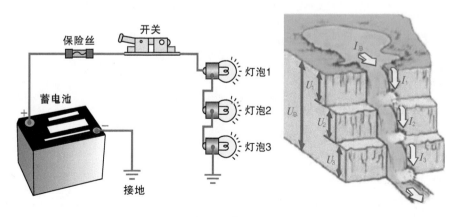

图1-14　灯泡的串联与水流原理

2. 并联电路

若干个元件首与首连接，尾与尾连接，接到一个电源上，这种连接方法叫并联。一个并联电路有一个以上的电流通路，每个分路的电压相同。假如每个分路的负载电阻相同，分路电流也将相同。假如分路里的负载电阻不同，分路电流也将不同。假如有一个分路损坏，电流将继续流往其他分路。并联电路也可以用水流来描述，如图1-15所示。

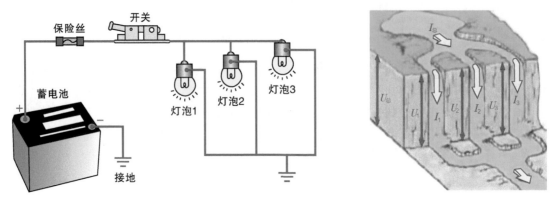

图1-15　灯泡的并联与水流原理

并联电路定律：

① 并联电路中，通过各分路的电压相同。

② 并联电路中的总电流等于各个分路电流的总和。

③ 并联电路中的总电阻通常小于最小电阻分路里的电阻。

3. 混联电路

在混联电路里，有些元件为串联，有些元件为并联。电源及控制或保护装置（保险丝及开关）通常为串联，负载通常为并联。串联电路里电流相等，而在并联电路中则不相等。并联电路里元件的电压相等，而在串联电路里则不等。假如串联部分损坏，整个电路将断开。假如并联分路损坏，电流仍然可以流过串联电路和未断开的分路。混联电路如图1-16所示。

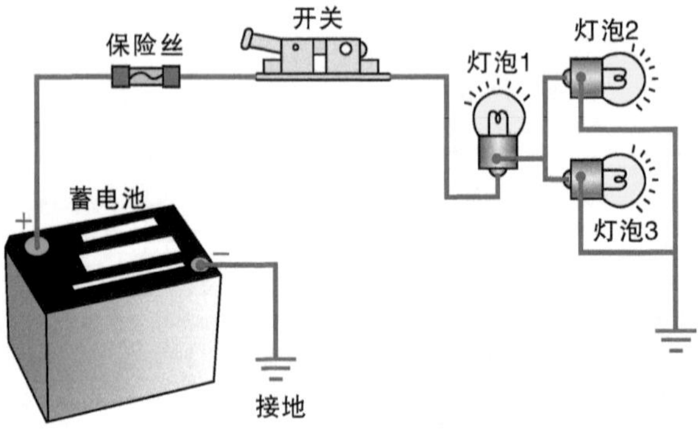

图1-16　混联电路

四、直流电与交流电

1. 直流电

方向和大小均不随时间变化的电流或电压称为直流电（DC）。直流电流可由电池、热电偶、太阳能电池和换向器式的发电机产生。汽车的大部分系统均使用直流电。直流电的优点是，可以被储存在蓄电池中。图1-17所示为直流电压。

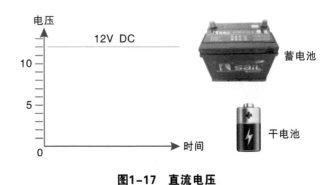

图1-17　直流电压

✳ 2. 交流电

大小和方向随时间改变的电压或电流统称为交流电（AC）。如果电压和电流是按周期性规律变化的，就称为正弦交流电。在汽车维修企业中，许多大型汽车的维修检测设备就是用交流电作为电源的，其波形如图1-18所示。

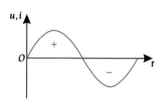

图1-18　正弦交流电

汽车发电机所产生的就是交流电。由磁路定律可知，交流电很容易在发电机中产生，却难以储存。因此，发电机配备有特殊电路，可以在应用于车辆电气系统之前被转换成直流电。

五、电流的三大效应

电流的效应是多方面的，电流三大效应是指电流的热效应、化学效应和磁效应。

✳ 1. 电流的热效应

电流通过电阻要发热，电流做功而消耗电能，产生了热量，这种现象叫做电流的热效应。如除霜器、点烟器、电动座椅加热等就是利用这种效应制成的（见图1-19）。当电流流经除霜器或点烟器时，就将电能转换成热能而产生热。当过大电流流过保险丝时，因为产生热而将保险丝熔化。

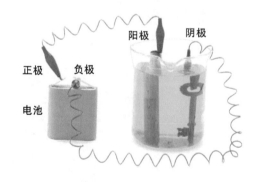

电动座椅加热　　后风窗加热器（玻璃内）

图1-19　电流的热效应

✳ 2. 电流的化学效应

电流通过导电的液体会使液体发生化学变化，产生新的物质，电流的这种效应叫做化学效应。如电解、电镀、电离等就属于电流的化学效应的例子。图1-20所示为电解硫酸铜的操作。

汽车蓄电池的充电就是应用电流的化学效应。

图1-20　电解硫酸铜

✳ 3. 电流的磁效应

任何通有电流的导体，都可以在其周围产生磁场的现象，称为电流的磁效应。如喇叭、继电器等都是利用电流的磁效应制成的。

如图1-21所示，把通电导体与指南针（磁针）平行放置，然后接通电源，当导体上有电流通过时，周围产生磁场，使附近的磁针产生偏转。

通电直导线产生的磁力线：如果给直条导线通电，在直条导线周围会产生磁力线，这些磁力线是以导线上各点为中心的同心圆，这些同心圆都在与导线垂直的平面上（如图1-22所示）。磁力线的方向可以用安培右手

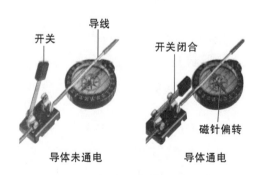

导体未通电　　　　导体通电

图1-21　电流的磁效应

定则（导线）来判定：以右手握住有电流的直条导线，大拇指指向电流方向，则其余四指的方向即为磁力线的方向。

通电环形导线产生的磁力线：如果把导线做成环状并在导线中通入电流，那么在导线周围便会产生磁力线，这时每条圆形磁力线从环形导线的一边进入另一边，换句话说，这些磁力线都穿过环状导线中心，这就形成了一个带有N极和S极的弱电磁体。这些磁力线从N极离开环形导线，沿环形导线外部流动，在S极重新进入，就像一块条形磁铁，如图1-23所示。

通电线圈产生的磁力线：当一带电导线变成线圈时就会产生一个带N、S极的磁场，如条形磁铁一样。

如果将一铁芯放入线圈中，磁场会变强，因为磁力线穿过铁芯比穿过空气要容易得多。一根铁芯能使磁场强度增大很多倍。线圈产生的磁力线如图1-24所示。这种称为电磁体的结构在发电机中得到应用。发电机使用绕成很多匝的载流导体以及放在其中的一块称为极心的铁芯来产生强磁场。

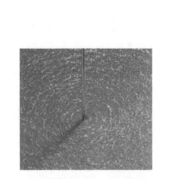

铁粉显示的通电直导线的磁力线

图1-22　通电直导线产生的磁力线

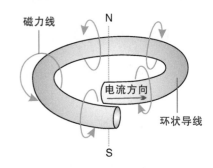

图1-23　通电环形导线产生的磁力线

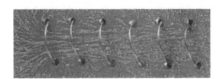

铁粉显示的线圈的磁力线（无铁芯）

铁粉显示的线圈的磁力线（有铁芯）

线圈的磁力线（无铁芯）

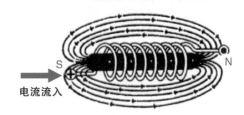

线圈的磁力线（有铁芯）

图1-24　线圈产生的磁力线

线圈磁力线的方向可以用安培右手定则（线圈）来判定（如图1-25所示）：用右手握住导线圈，使四指的方向与电流的方向一致，那么大拇指的指向就是磁力线的方向。

汽车启动机上的电磁开关、启动继电器等就是电流磁效应的典型应用。图1-26所示为电磁开关示意图，一个较小的电流流过绕在铁芯上的电磁线圈，产生电磁吸力使电路触点闭合，然后，开关触点便可能接通大电流到用电设备，即以小电流控制大电流。

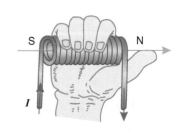

图1-25　安培右手定则（线圈）

六、电磁力与电磁感应

✳ 1. 电磁力

　　载流导体在磁场中所受的作用力称为电磁力。通电直导体在磁场中所受作用力的方向，可用左手定则判定（如图1-27所示）：将左手伸开，使拇指与四指垂直，让磁力线垂直穿过掌心，四指朝向导体电流的方向，大拇指所指的方向就是导体所受电磁力的方向。

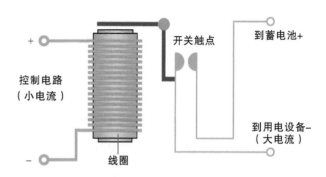

图1-26　电磁开关示意图

✳ 2. 电磁感应

　　电磁感应实验如图1-28所示。

　　① 在图1-28（a）所示的均匀磁场中放置一根导体，导体两端连接一个灯泡，当导体垂直切割磁力线时，可以明显地观察到灯泡发光，这说明导体回路中有电流存在。另外，当导体向平行于磁力线方向运动时，灯泡不发光，说明导体回路中不产生电流。

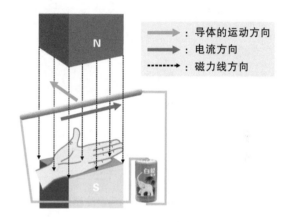

图1-27　左手定则

　　② 在图1-28（b）所示的实验中，空心线圈两端连接检流计。当用一块条形磁铁快速插入线圈时，会观察到检流计指针向一个方向偏转；如果条形磁铁在线圈内静止不动，会观察到检流计指针不偏转；再将条形磁铁由线圈中迅速拔出时，又会观察到检流计指针向另一方向偏转。

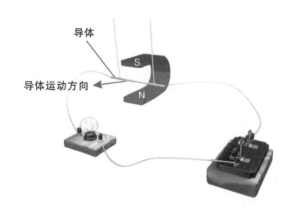

（a）导体的电磁感应

（b）线圈的电磁感应

图1-28　电磁感应实验

　　上述两实验现象说明：当导体相对于磁场运动且切割磁力线或者线圈中的磁通发生变化时，在导体或线圈中都会产生感应电动势。若导体或线圈构成闭合回路，则导体或线圈中将有电流流过，这种现象叫电磁感应现象。

　　要注意的是这种切割磁力线的运动可以是导体相对磁体运动，也可以是磁体相对导体运动。如图1-29所示的是导体（线圈）在磁场中做切割磁力线运动产生感应电流的实验。汽车的交流发电机就是利用电磁感应原理发电的。

如图1-30所示是一个典型的交流发电机转子，转子上绕有励磁线圈，当外电路通过电刷使励磁绕组通电时，励磁绕组便产生磁场，使爪极被磁化为N极和S极。当转子旋转时，磁通交替地在定子绕组中变化，根据电磁感应原理可知，定子的三相绕组中便产生交变的感应电压。

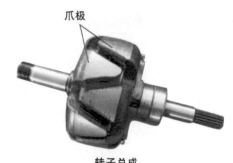

爪极

转子总成

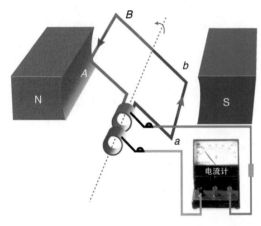

图1-29　导体（线圈）在磁场中产生感应电流

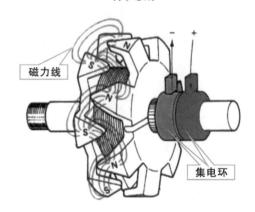

磁力线

集电环

图1-30　交流发电机转子

七、电功和电功率

✹1. 电功

电功是指电场力对自由电荷所做的功，也就是通常所说的电流所做的功。做功的过程是电能转化为其他形式能量的过程。

如果一段电路两端的电压为U，通过的电流为I，在时间t内，电场力做的功为$W=UIt$。即电流在一段电路上所做的功等于这段电路两端的电压U、电路中的电流I和通电时间t三者的乘积。在国际单位中，电功的单位是焦（J），常用单位有千瓦时（kW·h）。

✹2. 电功率

电流在单位时间内所做的功叫做电功率。电功率是用来表示消耗电能快慢的物理量，用P表示 $P=W/t=UI$。即一段电路上的电功率P等于这段电路两端的电压U和电路中的电流I的乘积。电功率表示电流做功的快慢，它的单位是瓦特，简称瓦，符号是W。如宝马750i/750Li发动机功率是300kW。

汽车电路上的电器工作时都会消耗蓄电池电能或者发电机产生的电能，有大功率的用电器（如前照灯、空调鼓风机、电热装置等），也有小功率的用电器（如照明指示灯、小灯泡、收音机）。大功率用电器在关闭发动机后不宜长时间开启，以免过多消耗蓄电池电能。同时，在启动汽车时应关闭大功率用电器，使发动机启动时有充足的电能。

第二节　汽车电路中的常见电气元件

一、电阻器

在电路中阻碍电流流过的元件叫做电阻器（简称电阻）。电阻是汽车电路中使用最多的基本元件之一，其质量的好坏对电路工作的稳定性有极大影响。它的主要用途是稳定和调节电路中的电流和电压，其次还作为分流器、分压器和负载使用。电阻在电路中用字母"R"表示，图形符号如图1-31所示。

电阻的单位有：欧姆（Ω）、千欧（$k\Omega$）、兆欧（$M\Omega$）。

它们的换算公式为：$1k\Omega=1000\Omega$，$1M\Omega=1000k\Omega$。

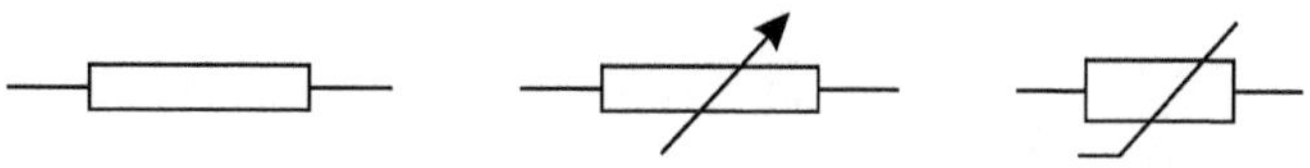

（a）固定电阻　　　　（b）可变电阻　　　　（c）热敏电阻

图1-31　电阻的符号

1. 电阻的分类

电阻的种类较多。按材料可分为碳膜电阻、金属膜电阻、线绕电阻等；按阻值是否可变分为固定电阻、可变电阻，还有具有特殊性质的光敏电阻、压敏电阻、热敏电阻等；按安装方式可分为插件式电阻和贴片式电阻。在汽车电脑板中，常采用贴片式电阻。各种电阻外形如图1-32所示。

（a）碳膜电阻　（b）金属膜电阻　（c）热敏电阻　（d）压敏电阻　　（e）普通贴片式电阻　（f）贴片式色环电阻　（g）可变电阻

图1-32　各种电阻实物图

2. 电阻的标识

大多数电阻上都标有电阻的数值，这就是电阻的标称值。电阻的标称值往往和它的实际阻值不完全相同。电阻的实际阻值与其标称值的偏差，除以标称值所得到的百分比，叫做电阻的误差。电阻的标称值的表示方法有直标法、文字符号法、数码表示法、色标法。

（1）直标法

所谓直标法，就是直接用阿拉伯数字和单位符号标出。一般用于功率较大的电阻器。如图1-33所示，电阻体上标注 5W10KJ，表示电阻的阻值为10kΩ，功率为5W，允许误差为±5%。

（2）文字符号法

它是将电阻的标称值和误差用数字和文字符号按一定的规律组合标识在电阻体上。符号前为整数，符号后面数字为小数。

误差等级 J=±5%
阻值为10kΩ
功率为5W

图1-33　电阻的直标法

如：电阻器上印有"2.2k"或"2k2"字样，表示电阻值为2.2kΩ。5M0表示电阻值为5.0MΩ（如图1-34所示）。

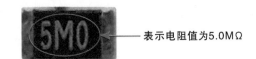

——表示电阻值为5.0MΩ

图1-34 电阻的文字符号法

（3）数码表示法

数码表示法是在电阻体的表面用3～4位整数或两位数字加R来表示标称值的方法。该方法常用于贴片电阻，如图1-35所示。

① 三位数字标注法 前两位是有效数字，第三位表示0的个数。例如：标注为331的电阻，其阻值为$33 \times 10^1 = 330\Omega$。

② 四位数字标注法 前三位是有效数字，第四位表示0的个数。例如：标注为1001的电阻，其阻值为$100 \times 10^1 = 1k\Omega$。

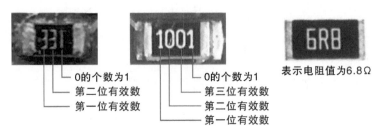

0的个数为1
第二位有效数
第一位有效数

0的个数为1
第三位有效数
第二位有效数
第一位有效数

表示电阻值为6.8Ω

图1-35 电阻的数码表示法

③ 两位数字加R标注法 若阻值小于10Ω，则用"R"表示，且R代表小数点。如标注为6R8的电阻，其阻值为6.8Ω；标注为R22即阻值为0.22Ω。

（4）色标法

色标法是目前国际上普遍流行的电阻值标示方法。它将不同颜色的色环涂在电阻上来表示电阻的标称值及允许误差，色环电阻中最常见的是四环电阻和五环电阻。各种颜色所对应的数值如图1-36所示。

色环电阻识读技巧：识读色环电阻的关键点是找准电阻的首环（以图1-37作说明）。

① 离端部近的为首环。

② 端头任一环与其他较远的一环为最后一环即误差。

③ 金色、银色环在端头的为最后一环（误差环）。

④ 黑色环在端头为倒数第二环，并且末环为无色环。

⑤ 紫色、灰色、白色环一般不会是倍乘数，即不大可能

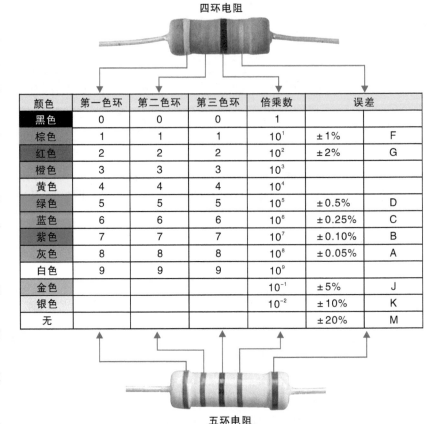

四环电阻

颜色	第一色环	第二色环	第三色环	倍乘数	误差	
黑色	0	0	0	1		
棕色	1	1	1	10^1	±1%	F
红色	2	2	2	10^2	±2%	G
橙色	3	3	3	10^3		
黄色	4	4	4	10^4		
绿色	5	5	5	10^5	±0.5%	D
蓝色	6	6	6	10^6	±0.25%	C
紫色	7	7	7	10^7	±0.10%	B
灰色	8	8	8	10^8	±0.05%	A
白色	9	9	9	10^9		
金色				10^{-1}	±5%	J
银色				10^{-2}	±10%	K
无					±20%	M

五环电阻

图1-36 色环电阻标志读数及识别规则

为倒数第二环。

色环电阻识读示例：图1-36中四环电阻的颜色为黄紫黑金，表示电阻的大小为$47 \times 10^0 = 47\Omega$，误差为$\pm 5\%$；五环电阻颜色为橙橙黑橙棕，表示电阻的大小为$330 \times 10^3 = 330k\Omega$，误差为$\pm 1\%$。

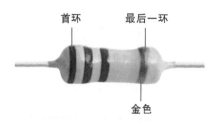

图1-37　电阻首环的识别

✸3. 电位器

电位器实际上是一个可变电阻，通常是由电阻体与转动或滑动系统组成，即靠一个动触点在电阻体上移动，获得部分电压输出。其典型的三线电位器结构如图1-38所示，它有三个引出端，其中定片1、定片2两端间电阻值为最大，定片1、动片或定片2、动片两端间的电阻值可以通过活动触头所在位置加以调节。活动触头与旋转轴相连，即与动片相连，在弹簧压力的作用下与电阻片保持接触。

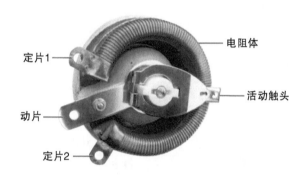

图1-38　电位器

可变电阻用作分压器时，被称为电位器，是一个三端元件，如图1-39（a）所示；可变电阻用作变阻器时，应把它接成两端元件，即动片要与某一定片用导线直接相连。这里假设动片与定片2相连，如图1-39（b）所示。另外，可变电阻器也可以用动片与定片1相连，两根定片引脚之间可以互换使用。

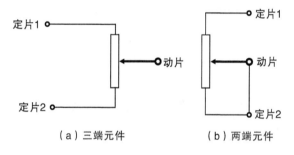

图1-39　可变电阻接线

电位器外壳上标注的阻值叫标称值，是电位器两固定引脚之间的阻值，一般称为电位器的最大阻值，通常采用直标法或数码表示法，如图1-40所示。

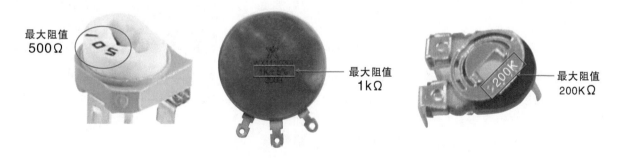

图1-40　电位器的标称值

电位器一般用在电路中需要经常改变电阻阻值的地方，在汽车电路中，它主要用作位置传感器，如发动机电控系统的节气门位置传感器、加速踏板位置传感器、空调风门伺服电动机电位计等。这些传感器可以精确计量某些位置的微小变化，将位置信号转换成电压信号输出。如图1-41所示为大众波罗（POLO）汽车空调内循环风门电动机及电位计。

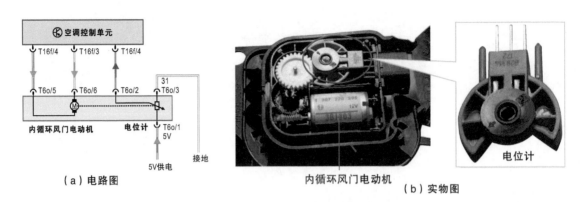

（a）电路图　　　　　　　　　　　内循环风门电动机　　（b）实物图

图1-41　大众波罗（POLO）内循环风门电动机及电位计

✹4. 电阻的检测

（1）量程的选择

为提高测量精度，应根据被测电阻标称值的大小来选择量程。一般数字万用表有6个电阻挡位：200Ω、2kΩ、20kΩ、200kΩ、2MΩ和20MΩ。R_x为被测电阻，选取挡位的原则为$R_x<200Ω$的选择200Ω挡位，$200Ω<R_x<2kΩ$的选择2kΩ挡位，依此类推。若所选量程小于被测量电阻的阻值，则仪表会显示"OL"或"1"，此时应改用更大的量程进行测量。

（2）检测方法

① 普通电阻的检测：将黑表笔插入"COM"插座，红表笔插入"V/Ω"插座。测量前先将表笔短路，万用表调零，以保证测量的精度。实际检修时，如怀疑某电阻变质失效，则不能直接在电路板上测量电阻值，因被测电阻两端存在其他电路的等效电阻。正确的方法是先将电阻拆下（或焊开一个头），选择合适的量程，再将两表笔跨接在被测电阻的两个引脚上（如图1-42所示），万用表的显示屏即可显示出被测电阻的阻值。如果所测电阻阻值为无穷大，则表明电阻内部已断路。

📢 **提示**

> 一般情况下，电阻的失效率比较低，电阻的失效主要为：阻值变大或内部开路、虚焊、脱焊等。

② 电位器的检测。

·测标称值：用万用表测量电位器时，应先根据被测电位器标称值的大小，选择好万用表的合适挡位再进行测量。测量时，将万用表的红、黑表笔分别接在定片引脚上，万用表读数应为电位器的标称值，如图1-43(a)所示。如万用表读数与标称值相差很多，则表明该电位器已损坏。

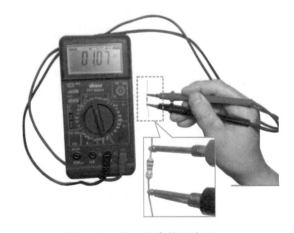

图1-42　用万用表检测电阻

·测可变值：当电位器的标称阻值正常时，再测量其变化阻值及活动触点与电阻体接触是否良好。此时用万用表的一个表笔接在动片引脚（通常为中间引脚），另一表笔接在一定片引脚（两边引脚）。

接好表笔后，万用表应显示为零或为标称值，再将万用表的转轴从一个极端位置旋转至另一个极端的位置，阻值应从零（或标称值）连续变化到标称值（或零），如图1-43（b）所示。在电位器的轴柄转动或滑动过程中，若万用表的指针平稳移动或显示的示数均匀变化，则说明被测电位器良好；旋转轴柄时，万用表阻值读数有跳动现象，则说明被测电位器活动触点有接触不良的故障。

（a）测电位器标称值 　　（b）测电位器可变值

图1-43　用万用表检测电位器

二、电容器

1. 电容器的作用

电容器（简称电容）是由两个相互靠近的金属电极板，中间夹一层电介质构成的。它也是组成电子电路的主要元件，在电路中常起滤波、耦合、振荡、调谐、旁路、通交隔直（通交流电、隔断直流电）等作用。

2. 电容器的符号与单位

电容在电路中常用字母"C"表示。图形符号如图1-44所示。

电容的单位有：F（法拉）、μF（微法）、nF（纳法）、pF（皮法）。

它们的换算公式为：$1F=10^6\mu F=10^9 nF=10^{12}pF$。

（a）普通电容　　（b）电解电容

（c）可变电容　　（d）微调电容

图1-44　电容的图形符号

3. 电容器的分类

电容的种类很多，按结构分有固定电容、可变电容、微调电容；按介质材料分有铝电解电容、钽电解电容、瓷介电容、涤纶电容、云母电容、聚碳酸酯薄膜电容等；按安装方式分有直插电容和贴片电容；按极性分有无极性电容和有极性电容。电解电容是有极性的，其正负极通常有明显的标志，更换该类型元件时，应注意极性，如极性错误会导致元件损坏。各种电容实物图如图1-45所示。

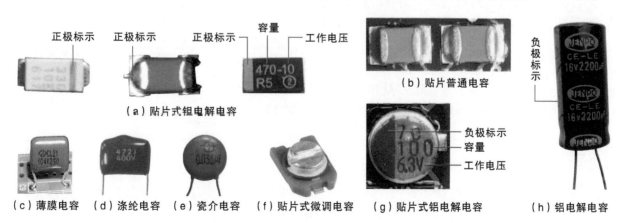

（a）贴片式钽电解电容　　（b）贴片普通电容

（c）薄膜电容　（d）涤纶电容　（e）瓷介电容　（f）贴片式微调电容　（g）贴片式铝电解电容　（h）铝电解电容

图1-45　各种电容实物图

❋ 4. 电容器的标识

固定电容器的参数很多，但在实际使用时，一般只考虑工作电压、电容量和允许误差。

工作电压：也称耐压，是指电容器在连续使用中所能承受的最高电压。

电容量：电容器储存电荷的能力叫做电容量，简称容量。

允许误差：实际电容量对于标称电容量的最大允许偏差范围。

电容的识别方法与电阻的识别方法基本相同，有直标法、文字符号法、数码表示法、色标法。

（1）直标法

直标法是将电容的标称容量、耐压及允许误差直接标在电容体上，如图1-46所示。

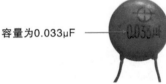

耐压为16V
容量为220μF

容量为0.033μF

图1-46　电容的直标法

（2）文字符号法

该标记方法由数字和字母两部分组成，其中字母可当成小数点，由数字和字母两者共同决定该电容的容量。例如：标注为6n8的电容，容量为6.8nF（如图1-47所示）；标注为p33的电容，容量为0.33pF；标注为2μ2的电容，容量为2.2μF。

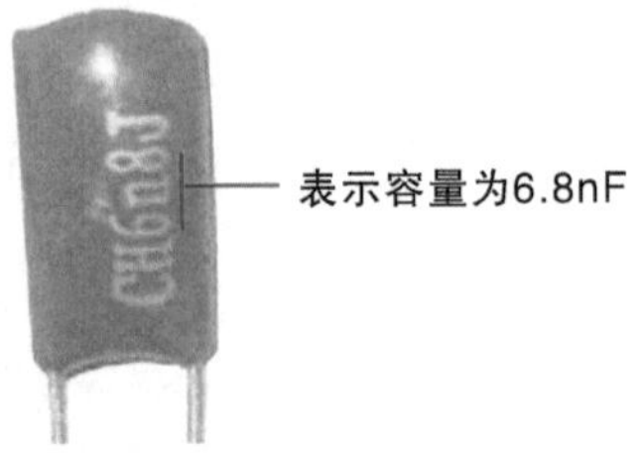

表示容量为6.8nF

图1-47　电容的文字符号法

（3）数码表示法

数码表示法一般用三位数字来表示容量的大小，前两个是有效数字，第三个是倍数（第三个数中0～8分别表示10^0～10^8，9表示10^{-1}），单位为pF。例如：103表示$10\times10^3=10000$pF；224表示$22\times10^4=220000$pF$=0.22$μF，如图1-48所示。

 提示

> 229表示$22\times10^{-1}=2.2$pF。

表示容量为10000pF

表示容量为0.22μF

（4）色标法

电容的色标法与电阻器的色标法规定相同，其基本单位为pF，一般有三条色环，前两环为有效数字，第三环为倍率。

❋ 5. 电容器的检测

图1-48　电容的数码表示法

电容的质量好坏主要表现在电容量和漏电电阻。电容量可用带有电容测量功能的数字万用表、电容表进行测量，下面介绍用万用表对电容的简易检测方法。

（1）指针式万用表检测电容

0.1μF以上固定电容的检测：将万用表的电阻挡调到$R\times1$kΩ挡或$R\times10$kΩ挡，用表笔接触电容器的两端，表针先向0Ω方向摆动，当达到一个很小的电阻读数后便开始反向摆动，最后慢慢停留在接近无穷大的位置；调换表笔后再次测量，如果指针也先向0Ω方向摆动后返回到接近无穷大的位置，说明该电容正常。电容容量越大，表针偏转的角度应当越大，指针返回的也应当越慢。

① 如果指针不摆动，则说明电容内部已开路。

② 如果指针摆向0Ω或靠近0Ω的数值，并且不向无穷大的方向回摆，则表明电容内部已击穿。

③ 如果指针指向0Ω后能慢慢返回，但不能回摆到接近无穷大的读数，则表明电容存在较大的漏电，且回摆指示的电阻越小，漏电就越大。

0.01μF以下固定电容的检测：对于0.01μF以下的电容，用万用表只能判断是否发生短路。测量时选用万用表$R \times 10\mathrm{k}\Omega$挡，将两表笔分别任意接电容的两个引脚，如果测出阻值为零，那么可以判定该电容发生短路。

由于0.01μF以下的电容容量太小，所以表针还没有来得及反应，充放电过程就已经结束了。由于表针不摆动，无法判断电容是否断路，所以在维修时，如果怀疑某电容有问题，最好的办法是用一个新电容进行替换，若故障现象消失，则可确定原电容有故障。

电解电容器的检测：因为电解电容的容量较一般固定电容大得多，所以，测量时应针对不同容量选用合适的量程。根据经验，一般1～47μF间的电容，可用$R \times 1\mathrm{k}\Omega$挡测量，大于47μF的电容可用$R \times 100\Omega$挡测量。由于电解电容本身就存在漏电，所以表针不能完全指向无穷大，而是接近无穷大的读数，这是正常的。而电解电容都是有极性的电容，所以用万用表测量耐压低的电解电容时，应当将黑表笔连接到电容的正极，红表笔连接到电容的负极，以防止电容被反向击穿（黑表笔连接万用表内部电池的正极，红表笔连接内部电池的负极），如图1-49所示。再次测量之前，应先将电容充分放电（即将电解电容的两根引脚短路，如图1-50所示），否则将看不到电容的充放电现象，从而导致测量结果不正确。正常的电容应当有充放电现象，最终表针指向电阻值，大多在数百千欧以上（如图1-49所示）。如果没有充放电现象，或终值电阻很小，或表针的偏转角度很小，则都表明电容已不能正常工作。用此法检查电解电容时，表针的偏转角度随着电容容量的不同而有差异，电容的容量越大，表针偏转的角度也越大；容量越小，表针偏转的角度也越小。

图1-49　指针式万用表检测电解电容

电解电容器的极性检测：电解电容器的正、负极性不允许接错，当极性接反时，可能因电解液的反向极化而引起电解电容器的爆裂。当极性标记无法辨认时，可根据正向连接时漏电阻大、反向连接时漏电阻相对小的特点判断极性。交换表笔前后两次测量漏电阻，阻值大的一次，黑表笔接触的是正极，因为黑表笔与万用表内电池正极相接，红表笔接的是负极。

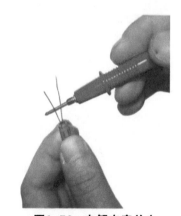

图1-50　电解电容放电

（2）数字式万用表检测电容

将数字万用表拨至合适的电阻挡，红表笔和黑表笔分别接触被测电容的两极，这时显示值将从"000"开始逐渐增加，直至显示溢出符号"1"。若始终显示"000"，说明电容器内部短路；若始终显示溢出，则可能是电容内部极间开路，也可能是所选择的电阻挡不合适。检查电解电容器时需要注意，红表笔（带正电）接电容器正极，黑表笔接电容器负极。

有的数字式万用表具有测量电容容量的功能，可将数字万用表置于电容挡，根据电容量的大小选择合适挡位，待测电容充分放电后，将待测电容直接插到测试孔内（或两表笔分别直接接触进行测量），数字万用表的显示屏上将直接显示出待测电容的容量，如图1-51所示。

图1-51　数字式万用表检测电容

三、电感元件

电感元件（简称电感）是一种能够存储磁场能的电子元件，又称电感线圈。将绝缘导线一圈一圈地绕在绝缘管上就得到了一个电感线圈。电感也是电子电路重要的元件之一，它具有通直流、阻交流、通低频、阻高频的特性，主要用于调谐、振荡、耦合、扼流、滤波、陷波、偏转等电路。

电感在电路中用"L"来表示。符号为"　　　"。

电感的单位有：H（亨）、mH（毫亨）、μH（微亨）和纳亨（nH）。

它们的换算公式为：$1H=10^3mH=10^6\mu H=10^9nH$。

1. 电感的分类

电感的种类很多，按其电感值是否可调来分，可分为固定电感线圈和可变电感线圈；按安装方式来分，可分为贴片式电感、插件式电感；按结构来分，可分为空心线圈、磁芯线圈和铁芯线圈等；按功能来分，可分为振荡线圈、扼流圈、耦合线圈、校正线圈和偏转线圈等。各种电感实物图如图1-52所示。

（a）色环电感　　（b）空心线圈　　（c）绕线电感　　（d）扼流线圈　　　　（e）贴片式电感

图1-52　各种电感实物图

2. 电感的标识

提示

贴片式电感外观上与贴片式电容比较相似，区分的方法是贴片式电容有多种颜色，如褐色、灰色、紫色等，而贴片式电感只有黑色一种。

电感的识别方法也有四种，即直标法、文字符号法、数码表示法、色标法。

（1）直标法

直标法是将电感的标称电感量用数字和文字符号直接标在电感体上，如图1-53所示。

（2）文字符号法

文字符号法是将电感的标称值和偏差值用数字和

表示220μH的电感

图1-53　电感的直标法

文字符号按一定的规律组合标示在电感体上，如图1-54所示。采用文字符号法表示的电感通常是一些小功率电感，单位通常为nH或μH。

表示6.8μH的电感　表示0.75μH的电感

图1-54　电感的文字符号法

（3）数码表示法

数码表示法是用三位数字来表示电感量的方法，常用于贴片电感上。三位数字中，前两位为有效数字，第三位数字表示有效数字后面所加"0"的个数。

！注意

> 用这种方法读出的电感量，默认单位为微亨（μH）。例如：标示为"151"的电感为$15 \times 10^1 = 150 \mu H$，如图1-55所示。

表示150μH的电感　表示15μH的电感

图1-55　电感的数码表示法

（4）色标法

色标法是在电感表面涂上不同的色环来代表电感量（与电阻类似），通常用三个或四个色环表示。识别色环时，紧靠电感体一端的色环为第一环，露出电感体本色较多的另一端为末环。其第一色环是十位数，第二色环为个位数，第三色环为应乘的倍数。

表示5.6μH的电感　　表示100μH，误差为±10%的电感

图1-56　电感的色标法

例如：色环颜色分别为绿、蓝、金的电感的电感量为5.6μH，如图1-56所示。

！注意

> ·用这种方法读出的色环电感量，默认单位为微亨（μH）。
> ·色环电感与色环电阻的外形相近，使用时要注意区分，通常色环电感外形短粗，而色环电阻通常外形细长。

✹3. 电感的检测

检测电感时应先从外观进行检查，看是否有破裂、烧焦等现象，线圈是否有松动，引脚有无折断，若有上述现象，则表明电感已损坏。

然后用万用表定性判断电感的好坏，万用表拨到欧姆挡，测线圈的直流电阻，电感的直流电阻值一般很小，大多数不会超过1Ω（如图1-57所示）。用万用表$R \times 1\Omega$挡测线圈的直流电阻，若阻值无穷大说明线圈已经开路损坏；阻值为零，说明线圈完全短路。大多数电感发生故障均是

图1-57　电感的检测

开路，而电感线圈内部发生短路的情况极少见，所以在实际检修中主要测量它们是否开路就行了，或者用一个新电感进行替换来判断。

有的数字万用表具有电感挡，采用这种万用表来检测电感就很方便。电感是否开路或局部短路，以及电感量的相对大小可以用万用表做出粗略检测和判断。

四、变压器与点火线圈

1. 变压器

变压器是利用电磁感应的原理来改变交流电压、电流和阻抗的器件，变压器由铁芯（或磁芯）和线圈组成，如图1-58所示。

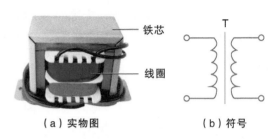

图1-58　变压器

变压器的工作原理：图1-59所示为变压器的工作原理图，与电源相连的绕组，称为原绕组或初级绕组，匝数为N_1；与负载相连的绕组，称为副绕组或次级绕组，匝数为N_2。当初级线圈上加一交流电压时，初级线圈便有电流通过，在次级线圈两端就会产生感应电动势。初级线圈上的电压是U_1，次级线圈上的电压为U_2，初级次级电压和线圈圈数间具有下列关系：

$$U_1/U_2=N_1/N_2$$

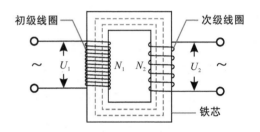

图1-59　变压器的工作原理图

当$N_2 < N_1$时，其感应电动势低于初级电压，即$U_2 < U_1$，这种变压器称为降压变压器。当$N_2 > N_1$时，其感应电动势要比初级所加的电压还要高，这种变压器称为升压变压器，即$U_2 > U_1$。

变压器的应用：变压器在汽车上的运用比较广泛，如汽车发动机点火系统中的点火线圈、氙气大灯内部的升压变压器（如图1-60所示）及基于变压器原理的传感器等。

图1-60　一汽奔腾B50氙气大灯内部的升压变压器

2. 点火线圈

点火线圈是产生点火所需高压电的一种变压器，它将12V低压电转变成15～20kV的高压电。点火线圈有开磁路式点火线圈和闭磁路式点火线圈两种，常用的点火线圈如图1-61所示。

图1-62所示为捷达轿车点火线圈实物与原理图，插头共有4个脚，其中1脚与3脚都为控制脚，分别接发动机控制单元；2脚为供电端，接12V电源；4脚为接地端。当1脚和3脚输入控制信号时，高压端头输出高压电，供4个汽缸的火花塞点火。

适用于奔驰W221/W212/W204/W209等车型

图1-61　常用的点火线圈

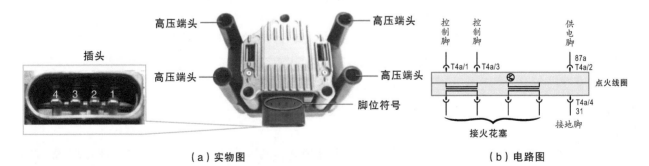

（a）实物图　　　　　　　　（b）电路图

图1-62　捷达轿车点火线圈

五、晶体二极管

✹ 1. 晶体二极管的结构和特性

晶体二极管简称二极管，它和晶体三极管一样都是由半导体材料制成的。所谓半导体，是指导电性能介于导体和绝缘体之间的一类物质，常用的半导体材料有硅和锗。

半导体材料按导电类型不同，分成P型半导体和N型半导体两类。当把P型半导体和N型半导体结合在一起时，两种半导体之间就会形成一个交界层，称为PN结。简单地说，把一个带有引线的PN结封装在玻璃管、塑料体或金属的外壳里，就构成了二极管。两个半导体层向外导电，由P区引出的电极称为阳极或正极，由N区引出的电极称为阴极或负极。二极管结构及电路符号如图1-63所示。

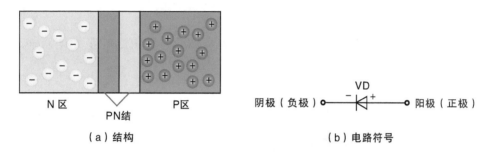

（a）结构　　　　　　　　　（b）电路符号

图1-63 二极管结构及电路符号

二极管的基本特性：二极管的基本特性是单向导电性。把电池、小灯泡、二极管串联起来，连成如图1-64所示的电路。在图1-64（a）中，电池正极接在二极管正极上，电池负极通过小灯泡接在二极管的负极上，闭合开关，这时二极管加的是正向电压，小灯泡发光。在图1-64（b）中，二极管正、负极引线倒换过来，闭合开关，二极管加的是反向电压，小灯泡不发光。二极管加上正向电压时电阻很小，能良好导通，加上反向电压时电阻很大，接近开路截止，这就是它的单向导电性。这个特性也可以理解为：在电路中，二极管只准电流从其正极流向负极，不准反向流通。这很像自行车的气门芯只允许气流从气筒流向车胎一样，因此具有单向导电性，只往一个方向传送电流。

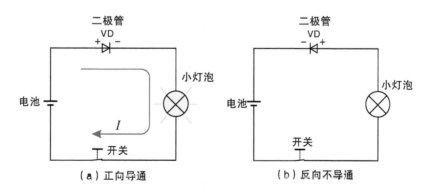

（a）正向导通　　　　　　　　　（b）反向不导通

图1-64 二极管的单向导电性

✹ 2. 二极管的种类及运用

二极管按制造材料可分为硅二极管（Si管）、锗二极管（Ge管）；按用途的不同可分为整流二极管、稳压二极管、开关二极管、发光二极管、检波二极管、光电二极管、隔离二极管、肖特基二极管等；按结构的不同可分为点接触型二极管、面接触型二极管和平面型二极管。

各种二极管如图1-65所示。

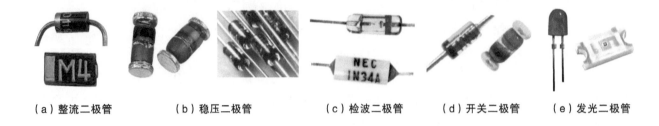

（a）整流二极管　　　（b）稳压二极管　　　（c）检波二极管　　　（d）开关二极管　　　（e）发光二极管

图1-65　各种类型的二极管

（1）整流二极管

整流二极管是利用二极管的单向导通特性，将交流电转变为直流电的半导体器件。整流电路有半波整流、全波整流、桥式整流。

整流二极管在汽车电路上的应用：汽车发电机上的整流器就是使用整流二极管组成的桥式整流电路，将发电机产生的交流电转换成可供汽车电器使用的直流电，如图1-66所示。

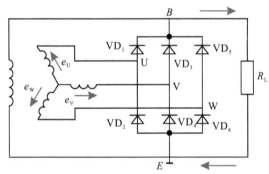

图1-66　整流器与桥式整流电路

（2）稳压二极管

稳压二极管是一种特殊的面接触型半导体硅二极管，它在电路中与适当电阻配合后能起到稳定电压的作用，故称为稳压管（也称齐纳二极管）。稳压管反向电压在一定范围内变化时，反向电流很小，当反向电压增大到击穿电压时，反向电流突然猛增，稳压管被反向击穿，此后，电流虽然在很大范围内变化，但稳压管两端电压的变化却相当小，利用这一特性，稳压管就在电路中起到稳压的作用了。须注意的是，稳压二极管是加反向偏压的。稳压二极管的电路符号如图1-67所示。

图1-67　稳压二极管电路符号

稳压二极管在汽车电路上的应用：在汽车电路中由于各个电器总成或元件工作电流比较大，会使汽车电源系统的电压出现波动，因此，在一些需要精确电压值的地方经常利用稳压管来获取所需电压。如图1-68所示是利用稳压管为汽车仪表提供稳定电源的电路，图中的稳压管与电阻串联而与仪表并联。当电源电压发生变化时，也只是引起不同大小的电流流过电阻和稳压管，改变降落在电阻上的电压，而稳压管始终维持一定的电压，从而起到稳压的作用。

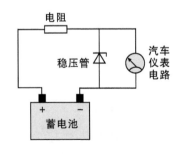

图1-68　汽车仪表简化电路

（3）瞬态抑制二极管

瞬态抑制二极管（TVS）又称瞬态二极管，是一种高效能的保护器件。它通常是反向并联在直流电路中的电源（信号）和地之间，这样一旦电源（或信号）线上有突然出现的瞬间高压，瞬态二极管导通，将高压直接泄放掉，以免瞬时高压串进电路损坏其他元件。

瞬态二极管在汽车电路上的应用：瞬态二极管在汽车电子电路中随处可见，它一般并联在继电器、线圈等旁边起保护作用。如图1-69所示为瞬态二极管实物及其应用电路，当继电器线圈正在通电时，二极管是反向偏置的，阻止了电流通过二极管，电流以正常方向通过线圈，继电器正常工作，如图1-70（a）所示。当继电器线圈断电时，就会在线圈中产生一个反向电动势，这个反向电动势正向偏置瞬态二极管，二极管导通，将高压直接泄放掉，如图1-70（b）所示。在这种电路中，二极管起到了对其他电子元件的保护作用，所以也称为保护二极管。

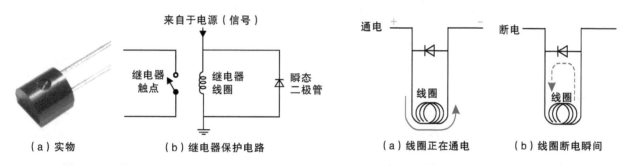

图1-69 瞬态二极管实物及其应用电路　　　　图1-70 瞬态二极管工作电路

（4）发光二极管

发光二极管简称为LED。发光二极管与普通二极管一样是由一个PN结组成的，也具有单向导电性。另外，发光二极管还可以将电能转化为光能。给发光二极管外加正向电压时，它处于导通状态，当正向电流流过管芯时，发光二极管就会发光，将电能转化成光能。常见的发光二极管发光颜色有红色、黄色、绿色、蓝色等。发光二极管电路符号、内部结构及实物如图1-71所示。

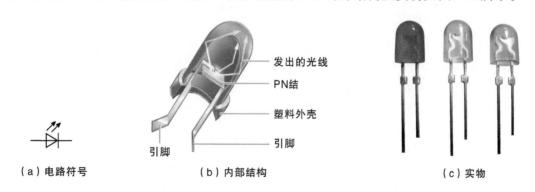

图1-71 发光二极管电路符号、内部结构及实物

发光二极管在汽车电路上的应用：在汽车电路中发光二极管随处可见，主要应用在仪表板上作为指示信号灯或报警信号灯。比如燃油量过少，防抱死制动系统失效，制动蹄片过薄，制动灯烧坏，轮胎压力过低等，这时相应的发光二极管就会被接通发光，发出报警指示，如图1-72所示。

LED还用于一些开关的指示信号灯，如自动变速器挡位指示灯（如图1-73所示）、前照灯光束高度调整开关指示灯（如图1-74所示）。

图1-72　仪表上的部分报警信号灯

目前LED已经广泛地应用在汽车灯光系统上，如：车外的日间行车灯、尾灯、转向灯、高位刹车灯，车内的照明灯等，如图1-75所示。

图1-73　宝马汽车自动变速器挡位指示灯

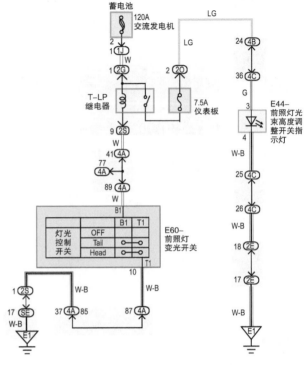

图1-74　卡罗拉前照灯光束高度调整开关指示灯电路

（a）LED日间行车灯

（b）LED转向灯

（c）LED尾灯

（d）LED高位制动灯

图1-75　汽车LED车外灯

（5）光电二极管

光电二极管又称为光敏二极管，它是一种将光信号变成电信号的半导体器件。它的核心部分也是一个PN结，和普通二极管相比，在结构上不同的是，光电二极管的外壳上有一个透明的窗口以接收光线照射，实现光电转换。光电二极管的电路符号、结构及实物如图1-76所示。

光电二极管是在反向电压作用之下工作的。工作时加反向电压，没有光照时，其反向电阻很

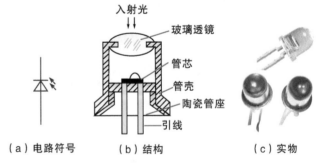

（a）电路符号　　（b）结构　　（c）实物

图1-76　光电二极管的电路符号、结构和实物图

大，只有很微弱的反向饱和电流（暗电流）。当有光照时，就会产生很大的反向电流（亮电流），光照越强，该亮电流就越大。

光电二极管在汽车电路上的应用：利用光电二极管制成光电传感器，可以把非电信号转变为电信号，以便控制其他电子元器件。汽车上的许多传感器就是利用光电二极管制成的，如汽车自动空调系统的日照强度传感器、汽车点火系统中的光电式曲轴位置传感器以及灯光自动控制器中用来检测车辆周围亮暗程度的光电传感器等。

图1-77是上海大众朗逸自动空调系统阳光照射光电传感器电路图。日照强度传感器可以把太阳的照射情况转换成电流的变化，车内自动空调计算机通过对这种变化进行检测来调节排风量和排风口温度。

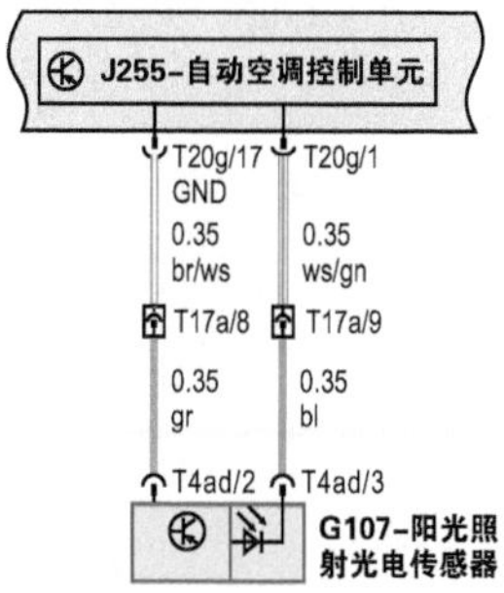

📢 **提示**

> 光电二极管的电路连接方式大部分与稳压管类似，是反向工作的，即：负极接高电位，正极接低电位。

图1-77　上海大众朗逸自动空调系统阳光照射光电传感器电路图

✸ 3. 二极管的识别

二极管在电路图中的识读方法：在二极管电路符号中，三角一端为正极，短杠一端为负极。因为二极管具有单向导电性，所以在电路中，电流只能从正极流进二极管，从负极流出二极管。二极管符号旁边的"＋"、"－"极性是为了便于说明问题加上去的，实际画电路图时一般都不加注。在看电路图时，初学者往往对二极管的符号哪边是正极、哪边是负极分不清楚，这时可把二极管的符号看成是一个漏斗（口大下边小），水只能从漏斗大口入、从小口出，水流即电流，电流是由二极管的正极入、负极出的，这样就能很自然地记住符号的三角形一边是二极管的正极了。

二极管的标注方法：二极管的外壳上只标注型号和极性，不会像电阻、电容、电感那样标注出它的主要参数，根据二极管的外壳标志，可以区分出两引脚的正、负极性来。国产的二极管通常将电路符号印在管壳上，直接标示出引脚极性，如图1-78（a）所示。有的二极管通常在负极一端印上一道色环作为负极标记，如图1-78（b）所示。发光二极管（未剪引脚的新发光二极管）的正负极可从引脚长短来识别，长脚为正，短脚为负，如图1-78（c）所示；另外发光二极管多采用透明树脂封装，管芯下部有一个浅盘，观察里面金属片的大小，通常金属片大的一端引脚为负极，金属片小的一端为正极。

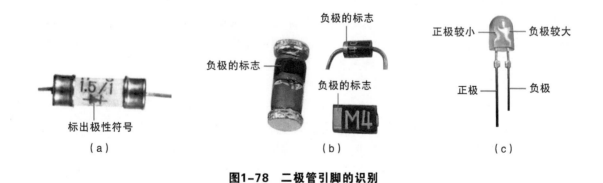

（a）　　　　　　　　　　（b）　　　　　　　　　　（c）

图1-78　二极管引脚的识别

✸ 4. 二极管的检测

（1）普通二极管的检测

普通二极管（包括检波二极管、整流二极管、开关二极管、瞬态抑制二极管）利用它的单向导电性，可使用万用表进行检测。

① **用指针式万用表检测**　把万用表置 $R \times 100\Omega$ 挡或 $R \times 1k\Omega$ 挡处，将红、黑两表笔接触二极管

两端，测出阻值；将红、黑表笔对换再测出一个阻值。若两次测得的阻值相差很大，说明该二极管单向导电性好，并且阻值大（几百千欧以上）的那次红表笔所接的为二极管正极；若两次测得的阻值相差很小，说明该二极管已失去单向导电性；若两次测得的阻值均很大，说明该二极管已经开路。

②**用数字万用表检测**　通常数字万用表设有专门测量二极管的挡位，可检测管子的好坏，其具体方法如图1-79所示。

首先，将万用表的挡位选择开关旋至测量二极管的"　•⨳　▷├──"挡位置，把红表笔插头插入"V/Ω"插孔，黑表笔插头插入"COM"插孔。将两支表笔分别接触二极管的两个电极，如果显示溢出符号"OL"或"1"，说明二极管处于反向截止状态，此时黑表笔接的是二极管正极，红表笔接的是二极管负极。反之，如果显示一定的电压值（正常硅管0.500~0.700V，锗管0.150~0.300V），则二极管处于正向导通状态，此时与红表笔接的是二极管正极，与黑表笔接的是二极管负极。

如果两次测量值都显示"OL"或"1"，说明二极管开路损坏。

如果两次测量值都很小或接近0，说明二极管击穿短路或漏电损坏。

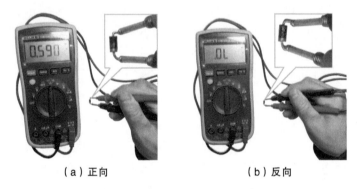

（a）正向　　　　　　（b）反向

图1-79　普通二极管的测量

（2）稳压二极管的检测

稳压二极管其极性与性能好坏的测量与普通二极管的测量方法相似，不同之处在于：当使用指针式万用表的 $R \times 1k\Omega$ 挡测量二极管时，测得其反向电阻是很大的，此时，将万用表转换到 $R \times 10k\Omega$ 挡，如果出现万用表指针向右偏转较大角度，即反向电阻值减小很多，则该二极管为稳压二极管；如果反向电阻基本不变，说明该二极管是普通二极管，而不是稳压二极管。

稳压二极管的测量原理是：万用表 $R \times 1k\Omega$ 挡的内电池电压较小，通常不会使普通二极管和稳压二极管击穿，所以测出的反向电阻都很大。当万用表转换到 $R \times 10k\Omega$ 挡时，万用表内电池电压变得很大，使稳压二极管出现反向击穿现象，所以其反向电阻下降很多，由于普通二极管的反向击穿电压比稳压二极管高得多，因而普通二极管不击穿，其反向电阻仍然很大。

（3）发光二极管好坏的判断

①用指针式万用表 $R \times 10k\Omega$ 挡测量发光二极管的正、反向电阻值。正常时，正向电阻值（黑表笔接正极时）应小于30kΩ，反向电阻应大于1MΩ。较高灵敏度的发光二极管，在测量正向电阻值时，管内会发微光。若正、反向电阻值均为零，说明内部击穿短路；若正、反向电阻值均为无穷大，说明内部开路。

②也可以使用万用表的hFE挡位来检测。将转换开关拨至hFE处，然后将发光二极管的正极端插入NPN的c孔中，负极端插入e孔中，管子发光为正常。若不发光，则说明引脚插反或管子已坏。

（4）光电二极管的检测

光电二极管的检测方法与普通二极管基本相同，不同之处是：有光照和无光照两种情况下，反向电阻相差很大。

具体测量方法：用万用表 $R \times 100\Omega$ 挡或 $R \times 1k\Omega$ 挡，在无光照情况下，正向电阻应为 $10k\Omega$ 左右，反向电阻应为 ∞。然后让光照着光电二极管，反向电阻随光照强度增加而减小，光线特强时反向电阻可降到 $1k\Omega$ 以下，这样的管子就是好的；若正反向电阻都是 ∞ 或零，说明管子是坏的。

六、晶体三极管

晶体三极管简称三极管，是半导体基本元器件之一，具有电流放大作用，是电子电路的核心元件。三极管是由两个相距很近的PN结组成的。一块半导体晶片上制造三个掺杂区，形成两个PN结，将三个区分别引出三个电极（三个电极分别称为基极b、集电极c和发射极e），用管壳封装，就得到了一个三极管。三极管实物图如图1-80所示。

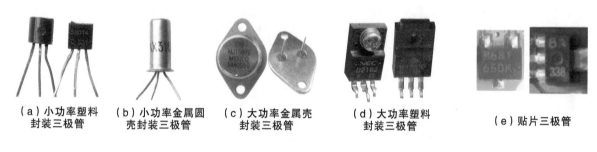

（a）小功率塑料　　（b）小功率金属圆　　（c）大功率金属壳　　（d）大功率塑料　　（e）贴片三极管
封装三极管　　　　壳封装三极管　　　　封装三极管　　　　封装三极管

图1-80　各种三极管实物图

❋1. 三极管的结构

根据两个PN结的组合方式不同，三极管可分为NPN型和PNP型。取一小块半导体，如果将半导体的中间制成很薄的P型区，两边制成N型区，即构成NPN型三极管；同理，如果将半导体的中间制成很薄的N型区，两边制成P型区，即构成PNP型三极管。三极管在电路中常用字母"Q"、"V"或"VT"加数字表示，三极管的结构及电路符号如图1-81所示。

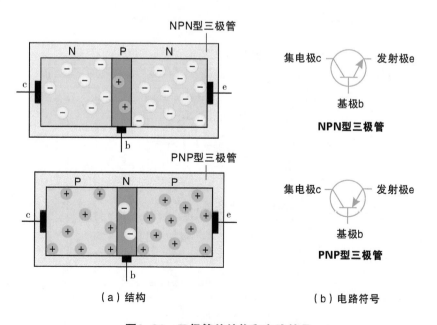

（a）结构　　　　　　　　　　　（b）电路符号

图1-81　三极管的结构和电路符号

❊2. 三极管的工作原理

三极管的主要功能是电流放大作用和开关作用。下面以一个NPN型三极管为例介绍三极管的工作原理。

（1）三极管的放大作用

三极管的放大作用就是利用基极电流控制集电极电流。三极管的电流很像一个水龙头，水龙头拧开（基极路径）越大，水龙头（集电极/发射极路径）流出的水就越多，如图1-82所示。三极管可以被看作一个电流的控制阀，集电极和发射极是电流的通路，而基极就是控制这个电流的阀门，只不过这个阀门不是靠旋转来改变通路的大小，而是靠本身流过的电流来控制的。图1-83所示的是一个NPN型三极管工作原理图。PNP型三极管的工作原理相同，但电流流动方向相反。

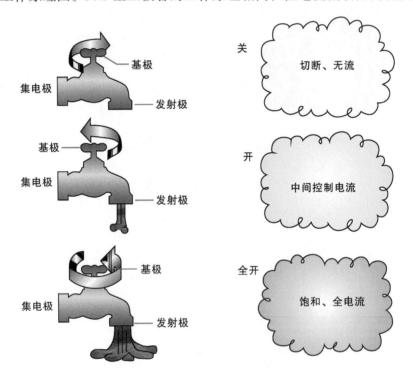

图1-82 三极管的电流与水龙头

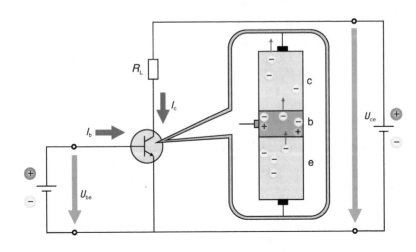

图1-83 NPN型三极管工作原理图

当基极电压U_{be}有一个微小的变化时，基极电流I_b也会随之有一小的变化，受基极电流I_b控制的集电极电流I_c会有一个很大的变化，基极电流I_b越大，集电极电流I_c也越大，反之，基极电流越小，集电极电流也越小，即基极电流控制集电极电流的变化。但是集电极电流的变化比基极电流的变化大得多，这就是三极管的放大作用。三极管是一种电流放大器件，但在实际使用中常常利用三极管的电流放大作用，通过电阻转变为电压放大作用。

（2）三极管的开关作用

三极管有三种工作状态，即截止、放大、饱和。当三极管在基极电流控制下时，截止与饱和两种状态交替变换，就如同一个开关的断开与闭合，这就是三极管的开关作用。

三极管的截止状态：根据三极管连接的外部电路条件，当NPN型三极管连接成如图1-84所示电路时，基极b与发射极e电位差小于0.7V，这种情况称为基极加了反向偏压。在这种状态下，三极管不导通，没有电流流动，称为三极管的截止状态。如果把ce间看作一个开关的两端，截止状态相当于开关断开。

三极管的饱和状态：当NPN管的基极b与发射极e电位差大于0.7V，基极加了正向偏压，三极管导通，进入放大状态下，在放大状态下，三极管ce之间的电流是随着基极b的电流增大而增大的。但是，当三极管的基极电流增加到一定值时，再增大正向偏压，加大基极电流，ce之间的电流也只是维持在一个最大值而不再增大了，这种状态称为三极管的饱和状态。在饱和状态下，三极管ce之间电位差很小，几乎为零，相当于一个开关的两端闭合。

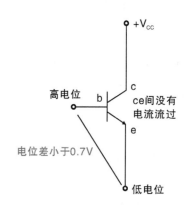

图1-84　三极管的截止状态

✹ 3. 三极管在汽车电路中的运用

三极管在汽车电子电路中通常有两种运用，一种是利用三极管的放大功能，对微弱的传感器信号进行放大后，传给ECU；另一种是利用三极管的截止与饱和两个状态互相变换，作为一个电子开关，控制其他电子元件，如喷油器、继电器、指示灯等。图1-85所示为监测蓄电池液位报警电路，报警电路的传感器为装在蓄电池盖子上的铅棒。

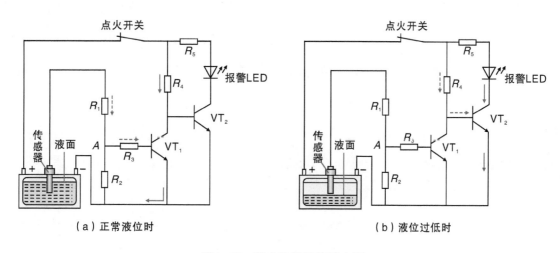

（a）正常液位时　　　　　　　　　（b）液位过低时

图1-85　蓄电池液位报警电路

当蓄电池液位处于正常液位时，如图1-85（a）所示，铅棒浸在蓄电池液中，铅棒（相当于正极）与蓄电池的负极之间存在电位差，三极管VT_1的基极流过电流，VT_1处于饱和导通状态，VT_1的ce之间电位几乎相等，A点电位几乎为零，三极管VT_2截止，报警灯（发光二极管）不亮。

当蓄电池液位低于规定要求时，如图1-85（b）所示，铅棒未能浸入蓄电池液中，铅棒与蓄电池的负极之间没有电位差，三极管VT_1的基极没有电流，VT_1处于截止状态，A点电位上升，三极管VT_2的基极b有电流流入，三极管VT_2饱和导通，报警灯亮，提醒驾驶员蓄电池液量不足。

✳ 4. 三极管的检测

判定的方法主要有目测和万用表检测两种方法，实际工作中经常采用目测法，在目测法不能做出准确判断时，再利用万用表进行检测。

（1）目测法

① **管型的判别**　一般情况下，管型是NPN还是PNP应该从管壳上标注的型号来判别。三极管型号的第二位（字母）A、C表示PNP管；B、D表示NPN管。例如：

3AX、3CG、3AD、3CA等均表示PNP型三极管。

3BX、3DG、3DD、3DA等均表示NPN型三极管。

此外国际流行的9011～9018系列三极管，除9012、9015为PNP管外，其余标号均为NPN管。

② **引脚极性的判别**　常用的小功率三极管有金属圆壳封装和塑料封装（半圆柱形）等，引脚排列如图1-86（a）所示。大功率三极管的外形有金属壳封装［扁柱形，引脚排列如图1-86（b）所示］以及塑料封装（扁平、引脚直列）等形式。

对于小功率管，图1-86（a）中列出了引脚排列方式，为便于记忆，总结如下。

> 金属圆壳封装："头向下，腿向上，大开口朝自己，左发右集电。"
> 塑料半圆柱封装："头向下，平面向自己，左起cbe。"
> 对于大功率管，金属壳扁柱形封装按照图1-86（b）中列出的引脚排列方式判别即可。塑料扁平封装、引脚直列型，没有统一形式，要经过万用表检测判别。

贴片三极管有三个电极的，也有四个电极的。一般三个电极的贴片三极管从顶端往下看有两边，上边只有一脚的为集电极，下边的两脚分别是基极和发射极，如图1-86（c）所示。在四个电极的贴片三极管中，如图1-86（d）所示，比较大的一个引脚是三极管的集电极，另有两个引脚相通是发射极，余下的一个是基极。

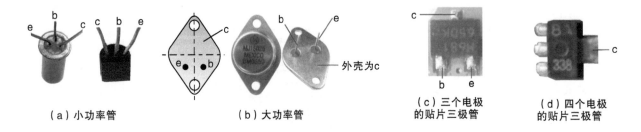

（a）小功率管　　　　（b）大功率管　　　　（c）三个电极　　（d）四个电极
　　　　　　　　　　　　　　　　　　　　　的贴片三极管　　的贴片三极管

图1-86　常用三极管的封装形式和引脚排列

（2）用万用表进行检测

利用数字万用表二极管挡或hFE挡可以判别三极管类型和e、b、c三个极，还可以测量管子的共发射极电流放大系数h_{FE}。

找出基极：将数字万用表置于二极管挡位，红表笔固定任接某个引脚，用黑表笔依次接触另外两个引脚，如果两次显示值均小于1V或都显示溢出符号"OL"或"1"，则红表笔所接的引脚就是基极b（如图1-87所示）。如果在两次测试中，一次显示值小于1V，另一次显示溢出符号"OL"或"1"（视不同的数字万用表而定），则表明红表笔接的引脚不是基极b，应更换其他引脚重新测量，直到找出基极b为止。

图1-87　找基极

找出集电极和发射极：基极确定后，用红表笔接基极，黑表笔依次接触另外两个引脚，如果显示屏上的数值都显示为0.6~0.8V，则所测三极管属于硅NPN型中、小功率管。其中，显示数值较大的一次，黑表笔所接引脚为发射极。如果显示屏上的数值都显示为0.4~0.6V，则所测三极管属于硅NPN型大功率管。其中，显示数值大的一次，黑表笔所接的引脚为发射极。

用红表笔接基极，黑表笔先后接触另外两个引脚，若两次都显示溢出符号"OL"或"1"，调换表笔测量，即黑表笔接基极，红表笔接触另外两个引脚，显示数值都大于0.4V，则表明所测三极管属于硅PNP型，此时数值大的那次，红表笔所接的引脚为发射极。

数字万用表在测量过程中，若显示屏上的显示数值都小于0.4V，则所测三极管属于锗管。

测三极管的放大倍数：hFE是三极管的直流电流放大系数，有的数字万用表具有hFE挡位，用数字万用表的hFE挡可进行测量。如图1-88所示，将三极管的三个引脚插入测试插孔内，当能测试出放大倍数时，插孔边标注的e、b、c即是插孔内三极管引脚的名称。

图1-88　测三极管的放大倍数

七、保险装置

为了防止过载和短路时烧坏用电设备和导线，在电源与用电设备之间串联有保险装置。汽车常见的保险装置有易熔线和保险丝，电路符号如图1-89所示。

（a）易熔线符号　　　（b）保险丝符号

图1-89　易熔线和保险丝电路符号

❋ 1. 易熔线

易熔线是一种截面积小于被保护电线截面积，可长时间通过额定电流的铜芯低压导线或合金线。易熔线用于保护工作电流较大的电路，通常安装在电路的起始端（如蓄电池正极接线柱上）。易熔线的外面包有一层特殊的不易燃绝缘体，当线路中有超过额定电流数倍的电流时，易熔线首先熔断。易熔线由电线线段及端子等组成，如图1-90所示。

! **注意**

　　当易熔线熔断时，一定是主电路和大电流电路发生故障，必须先找出短路的原因，待排除故障后，才能更换相同规格的易熔线。不能随意更换比规定容量大的易熔线或者用粗导线代替，并且易熔线的四周不能用聚四氟乙烯塑料带包扎。

图1-90　易熔线

❋2. 保险丝

　　又称熔断器、熔丝，是一种连接在电路上用以保护电路的一次性元件，当电路上电流过大时，其中的金属线或片因产生高温而熔断，导致开路而中断电流，以保护电气元件免于受到伤害。保险丝按结构来分有玻璃管式、连接式、插片式等，如图1-91所示。

（a）玻璃管式保险丝　　　　　（b）连接式保险丝　　　　　大保险丝　　中保险丝　　小保险丝
　　　　　　　　　　　　　　　　　　　　　　　　　　　　　　　　（c）插片式保险丝

图1-91　各种保险丝

　　玻璃管式的保险丝一般用于电流不大于20A的电路中，它需要塑料管固定。

　　连接式保险丝一般用于较大功率的用电设备，有40A、50A、60A、70A、80A、90A、100A、120A等几种。

　　在汽车电路中，采用较多的是插片式保险丝。插片式保险丝又分为大保险丝、中保险丝、小保险丝三种。插片式保险丝拥有工程塑料外壳，包裹着锌或铜制成的熔体结构，金属熔体和插脚连接。汽车插片式保险丝的规格一般为2～40A，其容量数值会在保险丝的顶端标注。如果保险丝烧坏了无法辨认容量的话，还可以通过它的颜色来判断，国际标准上：2A—灰色、3A—紫色、4A—粉色、5A—橘黄、7.5A—棕色、10A—红色、15A—蓝色、20A—黄色、25A—无色透明、30A—绿色、35A—浅紫色、40A—深橘色。保险丝通常都是组合在一起安装在保险丝盒内，并在保险丝盒盖上注明保险丝的名称、容量和位置。各种颜色的插片式保险丝如图1-92所示。

　　通常一辆车拥有两个保险丝盒，一个位于发动机舱内，另一个位于驾驶室内。发动机舱内的保险丝盒一般在车辆的发动机舱边缘，负责汽车外部的用电器，如喇叭、玻璃清洗器、ABS、大灯等；驾驶室内的保险丝盒一般位于中控台靠近车门的一侧或在方向盘的下面，管理着车内的用电器，例如车窗升降器、安全气囊、电动座椅、点烟器等。

　　更换保险丝方法：汽车出现因保险丝导致的故障，可按下面的方法查找并更换保险丝。

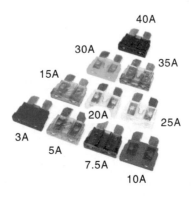

40A
30A
35A
15A
20A
25A
3A
5A
7.5A
10A

图1-92　各种颜色的插片式保险丝

① 查找保险丝盒位置。发动机舱内的保险丝盒一般在车辆的发动机舱边缘（如图1-93所示）；驾驶室内的保险丝盒一般位于中控台靠近车门的一侧或在方向盘的下面（如图1-94所示）。

发动机舱内的保险丝盒

图1-93　发动机舱内的保险丝盒

驾驶室内的保险丝盒

图1-94　驾驶室内的保险丝盒

② 查阅保险丝对照表找到保险丝位置。按保险丝盒盖子内的保险丝对照表，可以查找相应的保险丝位置。有了所要找的保险丝具体位置图，便可以找到保险丝在车内的实际位置，保险丝对照表与保险丝盒如图1-95所示。

（a）保险丝对照表

（b）保险丝盒

图1-95　保险丝对照表与保险丝盒

③ 利用汽车配备的拆卸器（如图1-96所示）拔出损坏的保险丝，换上备用的新保险丝即可。目前车辆使用的插片式保险丝没有正负极之分，因此在更换保险丝时只要注意保险丝的大小和容量即可。

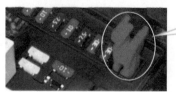

保险丝拔起工具

图1-96　专用工具

保险丝更换注意事项：

① 保险丝容量要正确。在更换保险丝以前必须切断所连电气部件及点火开关的电源，并选择与原保险丝相同的容量，不能随意加大保险丝的电流规格，更不能用铁丝代替。

② 没有备用保险丝时的更换。在没有备用保险丝的情况下，紧急时，可以用对驾驶及安全没有影响的其他设备上的保险丝代替。如果不能找到具有相同电流负荷的保险丝，则可采用比原保险丝额定电流低的代替。

③ 在拆下、插入保险丝时，必须使用拆卸器。在拆装保险丝时，进出要保持平直，不能扭动，否则会使端子卡口张开过大，导致接触不良。

④ 如果保险丝连续烧断，说明电路存在短路，必须检查整个电气系统。

八、继电器

继电器是汽车控制电路中常用的一种元件，它是利用电磁感应原理，控制某一回路的接通或断开，实现用小电流控制大电流，从而减小控制开关触点的电流负荷，保护开关触点不被烧蚀。汽车上广泛使用电磁式继电器，常见的继电器有供电继电器、启动继电器、喇叭继电器、雾灯继电器、雨刮继电器等。

✹ 1. 继电器的分类

继电器按接通及断开方式可分为：常开继电器，常闭继电器和常开、常闭混合型继电器，其外形、脚位分布及内部原理如图1-97所示。

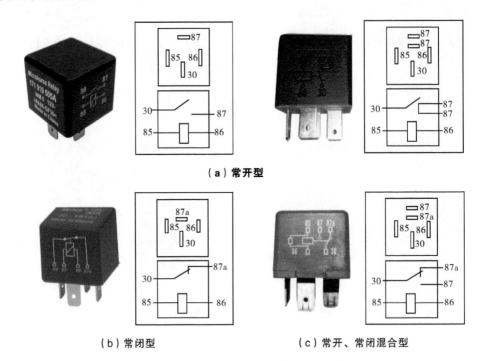

（a）常开型

（b）常闭型　　　　　　　　　　（c）常开、常闭混合型

图1-97　常见的几种继电器

✹ 2. 继电器的结构

电磁式继电器一般由铁芯、线圈、衔铁、回位弹簧、触点等组成，图1-98所示为常开、常闭混合型继电器内部结构。

✹ 3. 继电器的工作原理

继电器的工作原理如图1-99所示，当开关闭合时，线圈两端加上一定的电压，线圈中就会流过一定的电流，从而产生电磁效应，衔铁就会在电磁力吸引的作

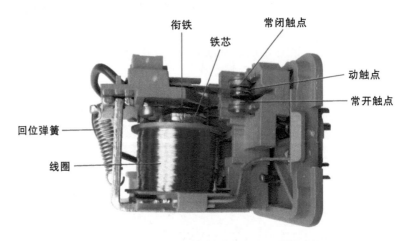

图1-98　常开、常闭混合型继电器内部结构

用下克服回位弹簧的拉力吸向铁芯，从而带动衔铁的动触点与静触点（常开触点）吸合，此时红色灯泡亮起。当线圈断电后，电磁的吸力也随之消失，衔铁就会在弹簧的反作用力下返回原来的位置，使动触点与静触点（常闭触点）吸合，此时绿色灯泡亮起。这样吸合、释放，从而达到了在电路中导通、切断的目的。对于继电器的"常开、常闭"触点，可以这样来区分：继电器线圈未通电时处于断开状态的静触点，称为"常开触点"；处于接通状态的静触点称为"常闭触点"。继电器一般有两个电路，一个为控制电路，另一个为工作电路。

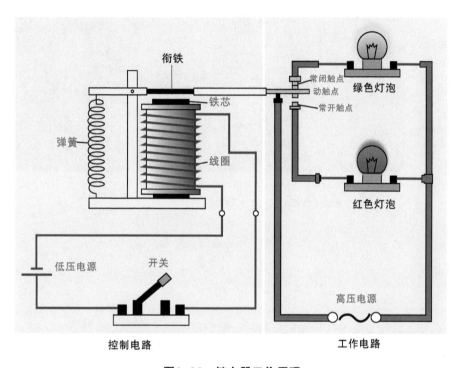

图1-99　继电器工作原理

如图1-100所示是大众汽车上的X触点卸荷继电器，30端为继电器触点供电输入端，87端为继电器触点供电输出端，86端为线圈供电端，85端为线圈接地控制端。

当继电器线圈通电工作时，电流经过端子86及85，使线圈励磁，由于线圈的磁力吸引，使30端与87端间的触点闭合。

当线圈断电，线圈的磁力也随之消失，活动触点就会在弹簧的反作用力下返回原来的位置，使30端与87端间的触点断开。

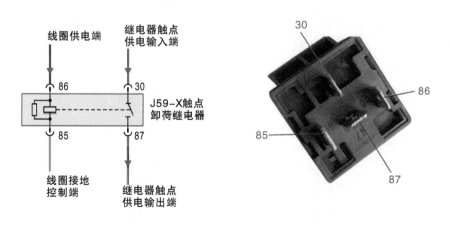

图1-100　大众汽车上的X触点卸荷继电器

4. 继电器的安装位置

继电器一般安装在中央配电盒内，如图1-101所示。

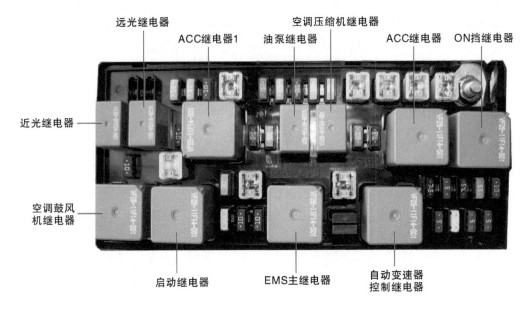

图1-101 继电器安装位置

5. 继电器的检测

继电器的检查方法：

① 用万用表电阻挡测继电器的线圈阻值，从而判断该线圈是否存在开路现象。

② 在线圈两端加上规定电压，正常时应能听到吸合声，然后用万用表检查触点的导通情况，如图1-102所示。

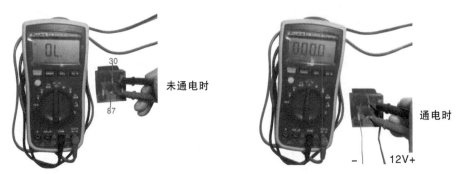

图1-102 继电器的检测

九、灯泡

汽车上的各种灯泡主要起照明或传递信号的作用，电路符号如图1-103所示。汽车上的灯具按照灯泡的安装位置来分，又可分为外部灯具和内部灯具。外部灯具主要有前照灯、雾灯、牌照灯、转向灯、倒车灯、制动灯、后尾灯等；内部灯具主要有顶灯、仪表照明灯、车厢灯、车门灯等。各种灯泡的安装位置如图1-104所示。

图1-103 灯泡电路符号

图1-104　各种照明与信号灯位置图

✳ 1. 外部灯具

（1）前照灯

前照灯（俗称大灯）安装在汽车头部的两侧，夜间用来照亮前方的道路，有些车型也兼作超车信号灯。灯光为白色，有两灯制和四灯制两种配置方式，远光灯一般的功率为40~100W，近光灯一般的功率为30~90W。常用的大灯灯泡有卤素大灯灯泡和氙气灯泡，如图1-105所示。

（2）雾灯

雾灯安装在汽车头部或尾部。在雾天、雨雪天或尘埃弥漫的情况下，用来改善车前道路的照明。前雾灯一般安装在汽车前保险杠上，光色为黄色或白色，功率为35~55W。后雾灯用来警示尾随车辆保持一定的安全距离，光色为红色，功率为21W，一般安装在汽车后保险杠上。雾灯灯泡如图1-106所示。

（3）牌照灯

安装在汽车尾部的牌照上方或左右两侧，其作用是夜间照亮汽车牌照，牌照灯光为白色，功率一般为5~15W。牌照灯灯泡如图1-107所示。

（4）转向灯

装于汽车头部、尾部及左右两侧，在车辆距转弯路口30~100m时打开，断续闪亮，以提示前后左右的车辆和行人注意。在紧急危险状态时，全部转向灯可通过危险警报灯开关接通同时闪烁。转向灯光色为黄色，主转向灯功率一般为20~25W，侧转向灯为5W。转向灯灯泡如图1-108所示。

（a）卤素灯泡　　（b）氙气灯泡

图1-105　前照灯灯泡

图1-106　雾灯灯泡

图1-107　牌照灯

图1-108　转向灯灯泡

（5）倒车灯

安装在汽车尾部的左右两侧。倒车时，变速器上的倒车灯开关将电路接通，倒车灯点亮，照亮车后路面，并警示车后的车辆和行人，表示该车正在倒车。灯光为白色，功率为21W左右。倒车灯灯泡如图1-109所示。

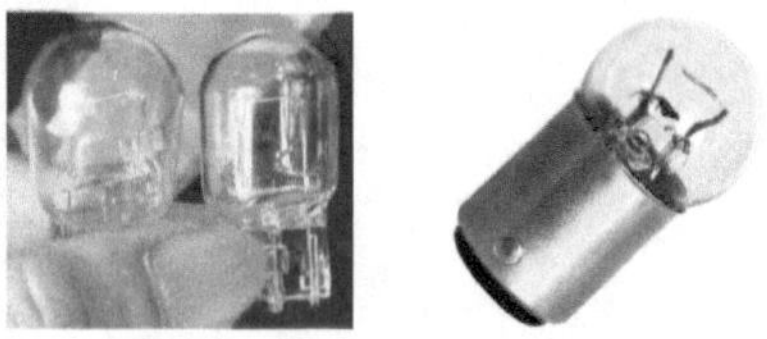

图1-109　倒车灯灯泡

（6）制动灯

俗称"刹车灯"，安装在汽车尾部两侧，高位制动灯一般安装在车尾上部。当踩下制动踏板时，制动灯开关将电路接通，制动灯点亮，警示后方车辆及行人保持一定安全距离。制动灯光色为红色，功率为21W左右，采用发光二极管（LED）的制动灯功率为1～3W。制动灯灯泡与高位制动灯如图1-110所示。

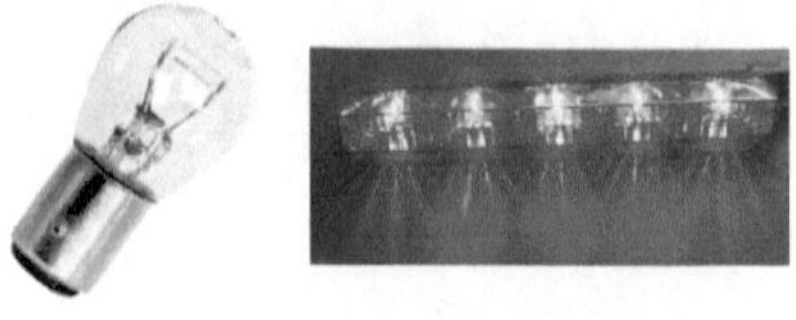

（a）制动灯灯泡　　　（b）高位制动灯

图1-110　制动灯灯泡与高位制动灯

（7）示位灯与尾灯

又称示宽灯、位置灯，安装在汽车前面、后面和侧面，夜间行车或停车时以标志车辆的形位，示位灯功率一般为5～10W，采用发光二极管（LED）的功率一般为1～3W。前示位灯俗称"小灯"，光色为白色或蓝色；后示位灯俗称"尾灯"，光色为红色；侧示位灯光色为琥珀色。

（8）驻车灯

部分大众车型中还有驻车灯，装于车头和车尾两侧。夜间驻车时，将驻车灯接通以标志车辆的形状、位置，警示车辆及行人注意避让，以防碰撞。车前驻车灯为白色，车尾处为红色，功率为3W。

2. 内部灯具

（1）顶灯

安装在驾驶室的顶部（如图1-111所示），除用作车室内照明外，还有监视车门是否可靠关闭的作用，灯光为白色，功率为5～15W，公共汽车或客车顶灯一般采用荧光灯。

顶灯

图1-111　顶灯

（2）阅读灯

装于乘员席顶部或侧面（如图1-112所示），照明范围较小，有的还有光轴方向调节功能，阅读灯点亮时不会使驾驶员产生眩目现象。顶灯及阅读灯灯泡如图1-113所示。

图1-112　阅读灯

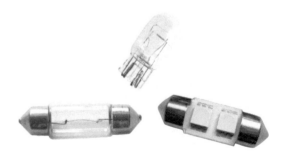

图1-113　顶灯及阅读灯灯泡

（3）仪表照明灯

装在仪表板背面，用来照明仪表指针及刻度板（如图1-114所示）。仪表照明灯一般与示位灯、牌照灯并联。大众汽车的仪表照明灯亮度，可以通过亮度调节开关进行调节。仪表照明灯功率为2~8W。

仪表照明效果图　　　　　灯泡

图1-114　仪表照明灯

（4）行李厢灯

装于轿车或客车行李厢内（如图1-115所示），当开启行李厢盖时，开关接通，行李厢灯点亮，照亮行李厢空间，功率为5~10W。

图1-115　行李厢灯

（5）门灯

装于轿车车门内侧（如图1-116所示），开启车门时，门灯发亮，以告示后来行人、车辆注意避让。光色为红色，功率一般为5W左右。

（6）报警及指示灯

指示灯用于指示某一系统是否处于工作状态，灯光一般为绿色或蓝色，功率为2W。如远光指示灯、转向指示灯、雾灯工作指示灯等。报警灯一般为红色、黄色，常见的报警灯有充电报警灯、制动系统报警灯、机油压力过低报警灯、发动机故障报警灯、冷却液温度报警灯等。报警及指示灯如图1-117所示。

图1-116　门灯

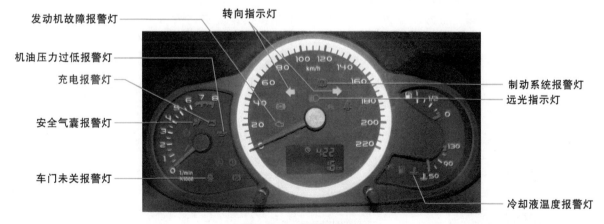

图1-117　报警及指示灯

（7）踏步灯

安装在中大型客车门梯处（如图1-118所示），以方便乘客夜间上下车。

※3. 灯泡的检测

汽车车灯的故障常见的是灯泡烧坏、插座锈蚀或插头损坏。对于灯泡的好坏，可以用万用表进行检测，如

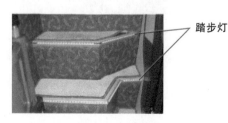

图1-118　踏步灯

图1-119所示检查灯丝的通断，如果电阻为无穷大则可判定灯丝损坏。

十、开关装置

汽车上的电气控制开关种类较多，如点火开关、车灯开关、刮水器及洗涤器开关、转向灯开关、空调开关、车窗玻璃升降开关、后视镜调节开关等，不同的开关控制不同的用电设备。下面分别介绍汽车电器中几个重要的开关。

图1-119 灯泡的检查

❋1. 点火开关

点火开关是汽车电路中最重要的开关，主要用来控制点火电路，另外还控制发电机磁场电路、仪表及照明电路、启动继电器电路以及辅助电气电路。常用的点火开关有三挡位式与四挡位式。

（1）三挡位式点火开关

三挡位式点火开关具有0、Ⅰ、Ⅱ（或LOCK、ON、START）挡位。0挡时钥匙可自由插入或拔出，顺时针旋转40°至Ⅰ挡，继续再旋转40°为Ⅱ挡，外力消除后能自动复位到Ⅰ挡。如图1-120所示为捷达轿车点火开关。

点火开关位于0位置：点火开关处于关闭状态，汽车转向盘被锁死，具有防盗功能。此时电源总线30端与P端接通，操作停车灯开关，可使停车灯点亮，与点火开关钥匙是否拔下无关。如将点火开关钥匙插入，将使30端与SU端接通，蜂鸣器可工作。

点火开关位于Ⅰ位置：启动后，松开点火开关钥匙，点火开关将自动逆时针旋转回到位置Ⅰ，这是工作挡。这时P端子无电，而15、X、SU三端子通电。15端通电，点火系统继续工作；X端通电使得前照灯、雾灯等工作，以满足夜间行驶的需要。

点火开关位于Ⅱ位置：电源总线30与50、15、SU端子接通，使启动机运转，30端与15端接通使点火系统进入工作。因P端断电，停车灯不能工作；因X端断电，前照灯、雾灯等不能工作。这样就将前照灯、雾灯等耗电量大的用电设备关闭，达到卸荷目的，以满足启动时需要瞬间大电流输入启动机的需要。发动机启动后，应立即松开点火开关，使其回到位置Ⅰ，切断启动机的电流，启动机驱动齿轮退回。

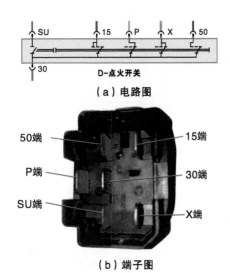

（a）电路图

（b）端子图

接线端子 位置	30	P	X	15	50	SU
0	○	○				
Ⅰ	○		○	○		○
Ⅱ	○			○	○	○

说明：位置0—关闭点火开关、锁止转向盘
位置Ⅰ—接通点火开关
位置Ⅱ—启动发动机
30—接蓄电池　　　　P—接停车灯电源　　　X—接卸荷工作电源
15—接点火电源　　　50—接启动电源　　　SU—接蜂鸣器电源

（c）工作原理图

图1-120 捷达轿车点火开关

（2）四挡位式点火开关

现代汽车大量采用四挡位式点火开关。四挡位式点火开关有LOCK、ACC、ON、START（或0、Ⅰ、Ⅱ、Ⅲ）四个挡位（如图1-121所示），在三挡位的基础上增加了一个ACC电气附件元件工作挡，其他不变。

锁车后钥匙会处于LOCK状态，此时钥匙不仅锁住转向盘转轴，同时也切断全车电源。

ACC状态是接通汽车部分电气设备的电源，如音响、车灯等。

正常行车时钥匙处于ON状态，这时全车所有电路都处于工作状态。

START或ST挡是发动机启动挡位，启动松开点火开关，点火开关会自动恢复到ON挡。

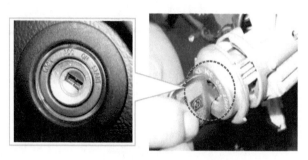

图1-121　四挡位式点火开关实物图

如图1-122所示为长城哈弗四挡位点火开关及电路图，点火开关的BT1、BT2端子为供电输入，ACC端子输出至2号保险盒，IG2端子输出至2号保险盒298，IG1端子输出至发电机、发动机ECU和油泵继电器，ST端子为启动控制，K1端子输出至中控ECU，K2为接地端。

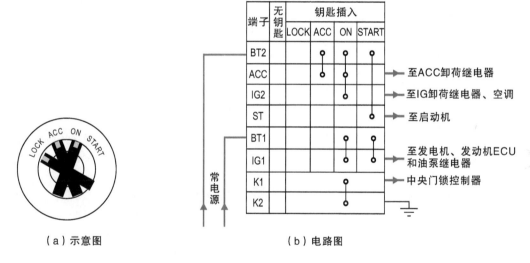

（a）示意图　　　　（b）电路图

图1-122　长城哈弗四挡位点火开关

✳ 2. 车灯开关

车灯开关包括小灯开关、大灯开关、雾灯开关等。车灯开关一般安装在仪表面板的左侧，实物如图1-123所示。

（a）大众车灯开关　　　　（b）奔驰车灯开关　　　　（c）宝马车灯开关

图1-123　车灯开关

图1-124所示为大众新朗逸行车灯开关。当开关位于0位时，灯光关闭；当开关位于"ЭОΞ"位置时，小灯接通，这时小灯点亮；当开关位于"ЭО"位置时小灯仍然点亮，经75X后的电源（卸荷继电器经过点火开关控制）与大灯电路接通，此时近光灯点亮，照亮前方的路面，向外按压变光开关（如图1-125所示），可以变远光，照亮前方更远的路面。遇到紧急情况下可使用会车闪光灯，向内扳动变光开关，大灯就会点亮，松开后，变光开关自动回位，会车闪光灯熄灭。如果点火开关处于关闭状态时，大灯不会点亮，点火开关只有位于ON位置时，大灯才会点亮。

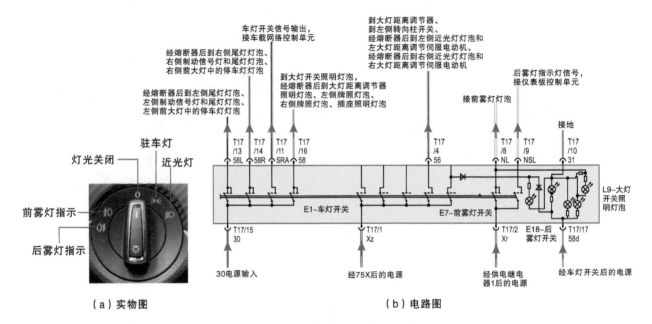

（a）实物图　　　　　　　　　　　　　　　　　（b）电路图

图1-124　大众新朗逸行车灯开关

将车灯开关从位置"ЭОΞ"或"ЭО"拉出到第一挡时，前雾灯打开；将车灯开关从位置"ЭОΞ"或"ЭО"完全拉出时，后雾灯打开。要关闭雾灯，则按压车灯开关或将其转到0位即可。

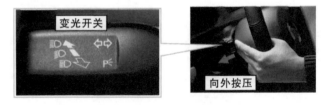

图1-125　按压变光开关

❋ 3. 灯光组合开关

在一部分汽车上照明灯光和信号灯光采用组合开关控制，即小灯、大灯、变光、转向、会车闪光等都用一个开关控制。常见的是旋转式组合开关，大多数安装在转向盘左下方转向柱上，用左手操纵，如图1-126所示。

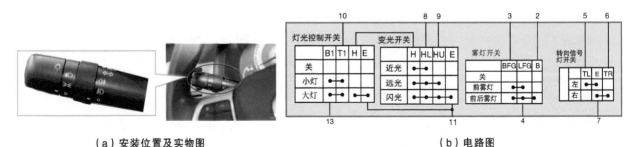

（a）安装位置及实物图　　　　　　　　　　　（b）电路图

图1-126　灯光组合开关

灯光控制开关：灯光开关的末端可绕手柄的轴线扭动（如图1-127所示），控制其小灯、大灯，分三挡。

〇——灯光关闭，全部灯光熄灭。

彐彐〇——前小灯、尾灯、牌照灯、仪表板灯点亮。

彐〇——近光灯打开，前小宽灯、尾灯、牌照灯、仪表板灯仍然点亮。在此挡时，向前推手柄即可变远光。

雾灯开关：在前照灯开关位于"彐彐〇"或"彐〇"时可使用雾灯。如图1-128所示，向前旋转旋钮，打开雾灯，向后旋转旋钮，关闭雾灯。可以从组合仪表上看到雾灯的开关状态。旋钮向前转动1次，打开前雾灯。再向前转动旋钮1次，后雾灯与前雾灯同时点亮。

转向信号灯开关：下拨灯光组合开关，左转向信号灯就会闪烁，表示向左转；上拨灯光组合开关，右转向信号灯就会闪烁，表示向右转（如图1-129所示）。

图1-127　前照灯开关的操作

图1-128　雾灯开关的操作

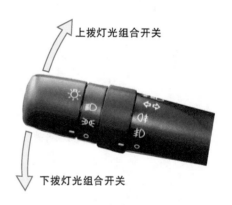

上拨灯光组合开关

下拨灯光组合开关

图1-129　转向信号灯的操作

✸4. 刮水器及洗涤器开关

洗涤器是向挡风玻璃上喷水，而刮水器是将挡风玻璃刮拭干净，确保驾驶员有良好的视线。刮水器及洗涤器开关一般安装在方向盘右下方，如图1-130所示。

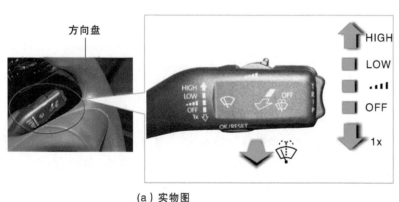

方向盘

（a）实物图

接线柱挡位	电源	间歇继电器	自动回位装置	低速	高速	洗涤器
OFF			○—○			
·‖‖	○—○	○	○—○			
LO	○—○			○		
HI	○—○				○	
1x	○—○			○		
🗲	○—○					○

（b）原理图

图1-130　刮水器及洗涤器开关

刮水器及洗涤器开关一般分以下几个挡。

OFF——关闭位置：当刮水器开关置于OFF挡时，自动回位装置与电动机低速接通，转到一定角度后停转。

·‖‖——间歇工作：当向上拨动操作杆到1挡时，自动回位装置与电动机低速仍然接通，同时电源与间歇继电器一端接通，间歇继电器进入间歇工作状态。

LOW——低速工作：当向上拨动操作杆到2挡时，电源与电动机低速接通，电动机低速运转。

HIGH——高速工作：当向上拨动操作杆到3挡时，电源与电动机高速接通，电动机高速运转。

1x——点动刮水：当在OFF位置向下拨动操作杆时，电动机低速短暂接通，电动机短促运转。

🔆——向后拨动操作杆可使风窗洗涤液喷出，可对车窗玻璃进行洗涤。

✳ 5. 开关的检查

检查时应根据开关的功能和开关各挡的导通情况，用万用表电阻挡进行检查，如图1-131所示为灯光组合开关及插脚，如表1-1所示为灯光组合开关挡位及端子导通关系。

检查步骤如下：

① 检查灯光控制开关是否导通。按照表1-1检查开关在每个位置时各端子之间是否导通。

② 检查前照灯变光开关是否导通。

③ 检查雾灯开关是否导通。

④ 检查转向开关是否导通。

⑤ 如果不符合规定，则更换组合开关。

图1-131 灯光组合开关及插脚

表1-1 灯光组合开关挡位及端子导通关系

名称		挡位	导通端子
灯 光 组 合 开 关	灯光控制开关	TAIL挡	10与13
		HEAD挡	10与13
	变光开关	FLASH挡	9与11
		LOW挡且灯光控制开关在HEAD挡时	8与11
		HIGH挡且灯光控制开关在HEAD挡时	9与11
	雾灯开关	FRONT挡	2与3
		FRONT REAR挡	2与3与4
	转向开关	LH挡	5与6
		RH挡	6与7

十一、导线与线束

汽车用导线按承受电压的高低，可分为高压导线和低压导线两种。其中低压导线按其用途来分，又有普通低压导线、带状导线、低压电缆线三种（如图1-132所示）。汽车充电系统、仪表、照明、信号及辅助电气设备等，均使用普通低压导线，而启动机与蓄电池的连接线、蓄电池与车架的搭铁线等则采用电缆线；点火线圈或点火模块至发动机各缸火花塞上的（高压）分线，则使用特制的高压点火线。

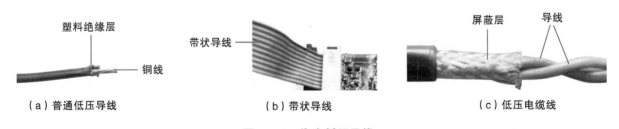

（a）普通低压导线　　　　　（b）带状导线　　　　　（c）低压电缆线

图1-132 汽车低压导线

☀ 1. 低压导线

（1）导线的截面积

导线的截面积是指经过换算而统一规定的线芯截面积。选择导线时，主要根据绝缘、流过导线的电流大小和机械强度选择。对于一些工作电流较小的电器，为保证具有一定的机械强度，汽车电器中导线截面积不得小于$0.5 mm^2$，高压导线的截面积约为$1.5 mm^2$。各种低压导线标称截面积所允许的负载电流如表1-2所示。

表1-2　低压导线标称截面积允许负载电流值

导线标称截面积/mm^2	1.0	1.5	2.5	3.0	4.0	6.0	10	13
允许电流值/A	11	14	20	22	25	35	50	60

汽车12V电系主要电路导线截面积选择的推荐值如表1-3所示，国产汽车12V电系各用电系统所用导线的截面积如表1-4所示。

表1-3　汽车12V电系主要电路导线截面积的推荐值

标称截面积/mm^2	用途
0.5	后灯、顶灯、指示灯、仪表灯、牌照灯、燃油表、水温表、刮水电机、电钟等电路
0.8	转向灯、制动灯、停车灯等电路
1.0	前照灯近光、电喇叭（3A以下）电路
1.5	前照灯远光、电喇叭（3A以上）电路
1.5~4	5A以上线路（除本表所列电气线路以外）
4~6	柴油汽车电热塞
4~25	电源线
16~95	启动机电缆

表1-4　国产汽车12V电系主要电路所用导线的截面积

电路系统名称	电线起止名称	电线截面积/mm^2
充电系统	发电机→调压器"磁场"→"搭铁"线	0.75~1
	发电机"电枢"→调压器"电枢"	2.5~3.0
	调压器"电池"→电流表→启动电动机	3.0~6.0
开关连接线	电流表→电源开关→各用电设备开关	2.0~3.0
启动系统	预热启动开关、预热指示器→电热塞、启动机电磁开关（柴油汽车）启动机转换开关→启动机各控制开关导线（汽油汽车）	2.5~3.0
照明系统	前照灯远光	1.5~2.5
	前照灯近光、前小灯、后灯、转向信号灯	1.0~1.5
电喇叭	电源→喇叭→开关	1.0~1.5
仪表系统	点火开关→仪表→传感器	0.75~1.0
启动机系统	启动机电源线、蓄电池搭铁线	36、43、50、70

（2）导线颜色

为便于识别和检修汽车电气设备，通常将线束中的低压线采用不同的颜色组成，选配线时习惯采取两种导线，即单色导线和双色导线（如图1-133所示）。

单色导线：绝缘表面为一种颜色的导线。

双色导线：绝缘表面为两种颜色（主色和辅助色）的导线。双色导线中面积比例大的颜色是主色；面积比例小的颜色是辅助色。辅助色为环绕布置在导线上的条色带或螺旋色带，且标注时主色在前，辅助色在后。如图1-133所示的双色导线，蓝色/白色导线的主色为蓝色，放在前面；白色为辅助色，放在后面。

各国汽车厂商在电路图上大多以英文字母来表示导线的颜色。国产汽车一般用单个字母表示一种颜色。日本车系常用单个字母表示，个别用双字母，其中后一位是小写字母。美国车系常用2～3个字母表示一种颜色，如果导线上有条纹，则要书写较多字母。德国（如大众、奥迪、奔驰、宝马）汽车通常用2个字母表示一种颜色（如图1-134所示），但颜色代号各不相同，在读图时要注意区别。各国车系的导线颜色代号如表1-5所示。

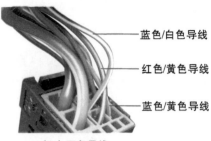

蓝色/白色导线
红色/黄色导线
蓝色/黄色导线

（a）单色导线　　　　（b）双色导线

图1-133　单色导线和双色导线

表1-5　汽车用导线颜色代号

颜色	色标	英文	中国	美国	日本	本田、现代	大众、奥迪	奔驰	宝马
黑		Black	B	BLK	B	BLK	sw	BK	SW
白		White	W	WHT	W	WHT	ws	WH	WS
红		Red	R	RED	R	RED	ro或rt	RD	RT
绿		Green	G	GRN	G	GRN	gn	GN	GN
深绿		Dark Green	DK GRN						
淡绿		Light Green	LT GRN	Lg	LT GRN				
黄		Yellow	Y	YEL	Y	YEL	ge	YL	GE
蓝		Blue	BL	BLU	L	BLU	bl	BU	BL
淡蓝		Light Blue	LT BLU	Sb	LT BLU				
深蓝		Dark Blue	DK BLU						
粉红		Pink	P	PNK	P	PNK		PK	RS
紫		Violet	V	PPL	PU	PUB	Li或vi	VT	VI
橙		Orange	O	ORN	Or	ORN			OR
灰		Grey	Gr	GRY	Gr	GRY	gr	GY	GR
棕		Brown	Br	BRN	Br	BRN	br	BN	BR
棕褐		Tan		TAN					
无色		Clear		CLR					

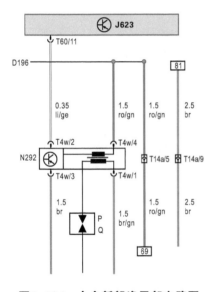

图1-134　大众新朗逸局部电路图

2. 高压导线

高压导线用来传送高压，在汽车点火线圈或点火模块至火花塞之间的电路使用高压点火线，简称高压线。由于工作电压很高（一般都在10kV以上）、电流强度较小，因此高压线的绝缘包层很厚、线芯截面积很小，但耐压性能很好。高压线分为普通铜芯高压线及高压阻尼点火线。带阻尼的高压线可抑制和衰减点火系统产生的高频电磁波，降低对无线电设备及电控装置的干扰。如图1-135所示为四缸发动机上的高压线。

高压线

图1-135　四缸发动机上的高压线

3. 汽车线束

汽车线束是汽车电路的网络主体，连接汽车的电气电子部件并使之发挥功能，没有线束也就不存在汽车电路。目前，不管是高级豪华汽车还是经济型普通汽车，线束组成的形式基本上是一样的，都是由导线、插接器和包裹胶带（棉纱或薄聚氯乙烯塑料）组成，它既要确保传送电信号，也要保证连接电路的可靠性，向电子电气部件供应规定的电流值，防止对周围电路的电磁干扰，并要排除电器短路故障。

同一种车型的线束在制造厂里按车型设计好后，用卡簧或绊钉固定在车上的既定位置，这样抽头就刚好在各电气设备的接线柱附近，安装时按线号装在电器对应的接线柱上，全车线束一般包括发动机线束、仪表线束、车身线束、照明线束、空调线束等，如图1-136所示为汽车发动机线束和仪表线束实物图。

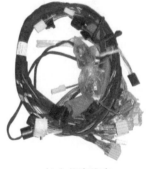

（a）发动机线束　　　　　（b）仪表线束

图1-136　汽车发动机线束和仪表线束

十二、插接器

1. 插接器的识别与使用

插接器（又称连接器、插接件），由插座和插头两部分组成。用于线束与线束或导线与电气元件之间（如传感器、执行器、控制单元）的相互连接（如图1-137所示），是连接汽车电气线路的重要元件。连接器有不同的规格型号、外形和颜色，为了防止插接器在汽车行驶中脱开，所有的插接器均采用了闭锁装置，如图1-138所示。

断开插接器时，首先要解除闭锁，使锁扣脱开，才能将其分开，不允许在未解除闭锁的情况下用力拉导线，这样会损坏闭锁装置或连接导线。

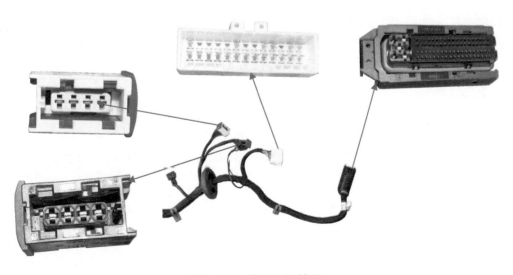

图1-137　线束与插接器

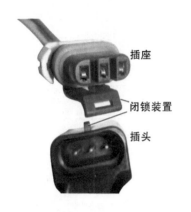

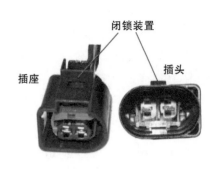

图1-138 插接器的闭锁装置

※2. 插接器的检测

由于汽车行驶产生振动、端子氧化或脏污，会引起插接器接触不良，下面介绍插接器的检测方法。

（1）普通插接器的检测

对普通插接器的导通性及电压进行测试时，可以用从插接器背面伸入探针的方法直接检测，如图1-139所示，但检测时要小心，不要将导线刺透、刺断，也不要碰到其他端子的导线。

（2）防水插接器的检测

当对防水插接器的导通性及电压进行测试时，要求用专用工具，如图1-140所示，以免引起插接器接触不良或防水性能降低，切忌不要从背面伸入探针检测防水插接器，否则会引起端子腐蚀，使电路性能下降。

图1-139 普通插接器的检测

注意

如果断开插接器检测，面对的部分是插孔一侧，要选用合适的探针，且接触端子时不可用力过大，探针不要同时接触两个或多个端子，否则可能损坏电路。

·如果面对的部分是插针一侧，在检测某一个端子时，不要将探针碰到其他端子。

·若需要拉动线束时，应小心轻拉，不要让端子脱离插接器。

·当发现插接器端子结合不良时，可以拆下插接器座上的端子，拔出导片，再维修插接器端子。

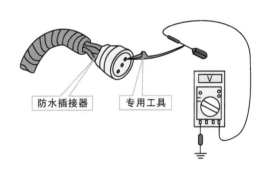

图1-140 防水插接器的检测

第二章 汽车电路的特点及识读方法

第一节 汽车电路的组成与特点

一、汽车电路的组成

　　汽车全车线路（或全车电路）是根据汽车电气系统（包括电源系统、启动系统、点火系统、照明与信号系统、仪表与报警系统、电子控制装置和辅助电气系统等）的工作特性和各系统之间的相互联系，利用保险丝、开关和导线等器材连接构成的一个整体线路。如图2-1所示为大众高尔夫全车电气元件分布图。

图2-1　大众高尔夫全车电气元件分布图

✳1. 电源系统

　　电源系统由蓄电池和发电机两部分组成（如图2-2所示）。其作用是向全车用电设备提供低压直流电能。在发动机不工作或启动时由蓄电池供电；在发动机启动后，发电机产生电能向各用电设备供电，同时向蓄电池充电。

发电机　　　　　　　　　　　　　　　　蓄电池

图2-2　蓄电池与发电机

✳2. 启动系统

　　启动系统由启动机和控制电路组成（如图2-3所示），其作用是启动发动机。

✳3. 点火系统

　　现代电控汽油机点火系统由点火线圈、火花塞、点火开关等组成（如图2-4所示）。点火系统的作用是用来产生电火花，适时可靠地点燃汽缸中的可燃混合气。

（a）启动机　　　　　（b）启动继电器

图2-3　启动系统主要部件

（a）点火线圈　　　　（b）火花塞　　　　（c）点火开关

图2-4　点火系统主要部件

✳ 4. 照明与信号系统

照明系统分为车内照明和车外照明（如图2-5所示）。车内照明用来满足驾乘人员车内照明的需要，车外照明用来保障车辆在夜间、雨雾天气中行驶的安全。信号系统的作用是提示行人、车辆注意，指示车辆的位置、运行状态等，以提高汽车的安全性。

（a）车外照明　　　　（b）车内照明

图2-5　车内照明和车外照明示意图

✳ 5. 仪表与警报系统

仪表与警报系统主要由组合仪表（包括燃油表、水温表、车速表、发动机转速表等，如图2-6所示）、传感器、各种报警指示灯及控制器等组成。其作用是向驾驶员提供汽车运行的各种参数及异常情况，以确保汽车的正常行驶。

图2-6　组合仪表

✳ 6. 电子控制装置

电子控制装置由电控燃油喷射系统、电控点火系统、自动变速器、防抱死制动系统（ABS）、电动转向系统、电控悬架系统、空调系统、防盗系统等组成。电子控制装置控制各个系统在最佳状态下运行，提高汽车的动力性、经济性、安全性和舒适性。

✳ 7. 辅助电器

为了提高车辆的安全性和舒适性，目前汽车上普遍使用了许多辅助电器。如风窗刮水器、电动后视镜、电动车窗、电动天窗、电动座椅等装置，常见的辅助电器如图2-7所示。

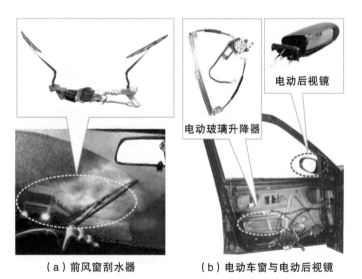

（a）前风窗刮水器　　　　（b）电动车窗与电动后视镜

图2-7　辅助电器

二、汽车电路的特点

汽车电路和一般电路一样，电气设备间采用串联、并联和混联方式；具有通路、断路和短路三种基本工作状态；电路图中的电气设备采用专门的符号或图框加文字的标注方法。但汽车电路又有自身的一些特点。

✳ 1. 低压供电

汽车电气系统的额定电压主要有12V和24V两种。汽油车普遍采用12V电源，柴油车多采用24V电源（由两个12V蓄电池串联而成），未来的汽车可能采用42V供电系统。

✳ 2. 直流电源

主要是从蓄电池充电的角度来考虑的，现代汽车发动机是靠电力启动机启动的，启动机由蓄电池供电，而向蓄电池充电又必须用直流电源，所以汽车电气系统为直流系统。汽车的直流电是由交流发电机产生的交流电经发电机内部的整流器整流、电压调节器对电压进行调节然后输出的。

✳ 3. 采用两个电源

汽车上采用了两个电源，即蓄电池和发电机，它们以并联的方式向用电设备供电。蓄电池是辅助电源，在发电机未发电或电压较低（低于蓄电池端电压）时，由蓄电池向电用设备供电；发电机是主电源，当发动机运转到一定转速后，发电机开始向车上的用电设备供电，同时对蓄电池进行充电以补充蓄电池损失的电能。

✳ 4. 装有保险装置

为了防止电路或元件因搭铁或短路而烧坏线束和用电设备，汽车电路中均安装有保险装置防止产生过流。如保险丝、易熔线等，如果产生过流，则在线束和用电设备被损前，这些保险装置将断开。

✳ 5. 用电设备并联

汽车的各用电设备均采用并联，每个用电设备都由各自串联在其支路中的专用开关控制，互不产生干扰。在维修汽车电路时，可以单独方便地拆装用电设备而不会影响到其他用电设备。

✳ 6. 采用单线制

单线连接是汽车线路最大的特点。汽车上的用电设备都是并联的，从理论上讲需要一根公共的火线和一根公共的零线，而汽车发动机和底盘是由金属制造的，具有良好的导电性能。因此，利用汽车的金属机体作为各种用电设备的公共导线，而用电设备到电源就只需用一根导线连接，所以称为单线制。

采用单线制可以节约导线，使电路简化，便于安装和检修，因此，现代汽车基本上都采用单线制。

✳ 7. 负极搭铁

采用单线制时蓄电池的一个电极需接至车架或车身上，俗称"搭铁"。蓄电池的负极接车架或车身称为负极搭铁（如图2-8所示）；蓄电池的正极接车架或车身称为正极搭铁。我国规定采用蓄电池负极搭铁。负极搭铁对无线电设备（音响、通信系统）的干扰少，对车架及车身电化学腐蚀小，并且具有连接牢固的优点，目前世界各国生产的汽车大多数采用负极搭铁。

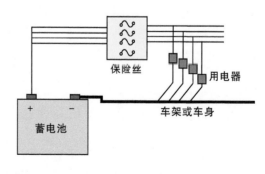

图2-8 负极搭铁

❋8. 汽车电路由单元电路组合而成

汽车电路虽然复杂，但都是由完成不同功能、相对独立的单元电路组成的（如图2-9所示）。只要认真读懂每个单元电路也就能读懂全车电路。

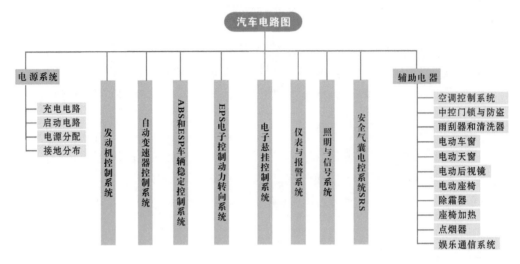

图2-9 汽车电路的组成

❋9. 汽车线路有颜色和标识特征

汽车导线的数目较多，为便于识别和检修汽车电气设备，汽车电路中的低压线通常采用不同颜色的导线，并在汽车电路图上用颜色的字母代号标注出。不同车系导线颜色代码也不同。

第二节 汽车电路图种类及识读方法

汽车电路图是一种将汽车电器和电子设备用图形符号和代表导线的线条连接在一起的关系图，是对汽车电器的组成、工作原理、工作过程及安装要求所作的图解说明。电路图中表示的是不同电路相互之间的关系及彼此之间的连接，通过对电路图的识读，可以认识并确定电路图上所画电气元件的名称、型号和规格，清楚地掌握汽车电气系统的组成、相互关系、工作原理和安装位置，便于对汽车电路进行检查、维修、安装、配线等工作。

根据汽车电路图的不同用途，可绘制成不同形式的电路图，常见的电路图有：原理框图、电路原理图、接线图、线束图与电气设备定位图。

一、原理框图

原理框图是用框图的形式来表达其原理，它的作用在于能够清晰地表达比较复杂的原理。由于汽车的电气系统较为复杂，为概略地表示各个汽车电气系统或分系统的基本组成、相互关系及其主要特征，常采用原理框图。原理框图所描述的对象是系统或分系统的主要特征，不必画出元器件和它们之间的具体连接情况，它对内容的描述是概略的，但对于汽车电路的分析和维修有很大的帮助。

原理框图通常采用方框符号或者带注释的框绘制，带注释的框应用比较广泛，其框内的注释可以是文字，可以是符号，也可以同时采用文字和符号。如图2-10所示为日产天籁点火系统原理框图。

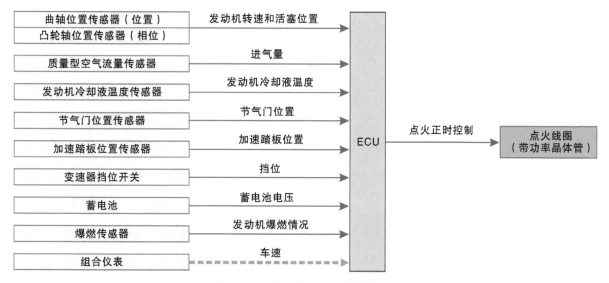

图2-10　日产天籁点火系统原理框图

注：1.ECU根据发动机转速和蓄电池电压的信号来确定启动信号的状态。
2."▬▬▶"表示该信号通过CAN通信线路发送。

原理框图识读方法：
① 应熟悉各车系常用电器的图形符号及方框符号。
② 仔细阅读图中的注释，了解原理框图的绘制方法和特点。
③ 理解各功能单元电路的基本作用。

二、电路原理图

✷ 1. 了解电路原理图

电路原理图是利用电气线路符号将每一个系统合理地连接起来，能简明清晰地反映汽车电路构成、连接关系和工作原理，而不考虑其实际安装位置的一种简图。其优点是图面清晰、简单明了、通俗易懂，便于分析、查找电路故障。电路原理图分为整车电路原理图和局部电路原理图。汽车的整车电路原理图是由若干个局部电路原理图组成的。

整车电路原理图是一幅完整的全车电路图，能反映全车电路各系统之间的相互关系。在此图上能建立起电位高、低的概念。其负极搭铁电位最低，可用图中的最下面一条线表示；正极电位最高，用最上面的那条线表示。电流的方向基本都是由上而下，路径是：电源正极→开关→用电器→搭铁→电源负极。

局部电路原理图是从整车电路图中抽出的某个局部电路。此图能反映汽车电器的内部结构、局部电路的工作原理，并将重点部位进行了放大及说明。这种电路图的用电器少、幅面小，阅读起来简单明了；其缺点是只能了解电路的局部。图2-11所示为一汽大众捷达NF发动机控制系统部分的电路原理图。

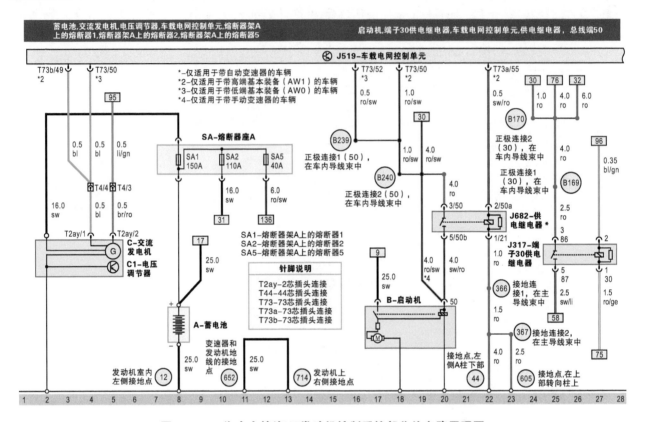

图2-11 一汽大众捷达NF发动机控制系统部分的电路原理图

✳2. 电路原理图识读方法

由于各国汽车电路图的绘制方法、符号标注、文字标注、技术标准不同，各汽车生产厂家绘制的汽车电路图有很大差异，因此，阅读不同系列的汽车电路图前需要了解电路图的特点，掌握汽车电路图识读的基本方法。

（1）熟悉汽车电路绘制的规则

在汽车的全车电路图中，电气装置采用从左到右（供电电源在左，用电设备在右，在局部电路的原理图中，信号输入端在左，信号输出端在右）、从上到下（火线在上，搭铁线在下）的顺序进行布置，且各电气系统的电路尽可能绘制在一起。

（2）熟悉汽车电路元件符号及含义

熟悉汽车电路图的名称，明确电气符号、文字标注、代码及缩略语的含义，建立元器件和图形符号间一一对应的关系。

①**电气符号** 汽车上所有的电气设备在电路图中都是用电气符号来表示的。电气符号是简单的图形符号，只大概地表示出电气设备的外形，在图形符号上或旁边用文字加以说明电气设备的名称。各汽车生产厂家绘制的电器各有不同，有的是简单的，有的是复杂的。如图2-12所示是发动机

电控单元的符号，图2-12（a）是大众/奥迪/斯柯达车系的符号，它是最常见的发动机电控单元的符号；图2-12（b）、（c）分别是通用车系和宝马车系的符号，在电控单元处画出了简单的内部电路；图2-12（d）是奔驰车系的符号，在电控单元处用英文字母或英文缩写字母标明该端子的作用，并用小箭头符号标明信号是输入还是输出；图2-12（e）是北京现代车系的符号，在电控单元处标注出了信号的名称和类型，从图中可以看出是供电、搭铁、输入信号还是控制信号；图2-12（f）是丰田车系的符号，在电控单元处用英文缩写字母标明该端子的作用；图2-12（g）是本田车系的符号，在电控单元处画出了简单的内部电路并用英文缩写字母对端子进行了标注。

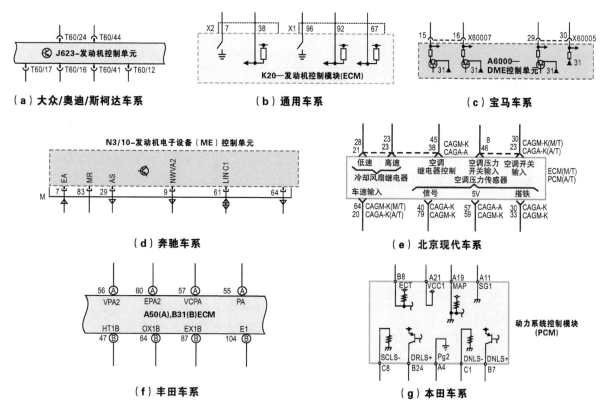

图2-12 发动机电控单元的符号

有的电气符号也简单地表达出了电气设备内部的工作原理和电路，如图2-13所示的启动机的符号，从图中可以看到启动电动机、电磁开关线圈、电磁开关触点以及它们之间线路的连接关系。

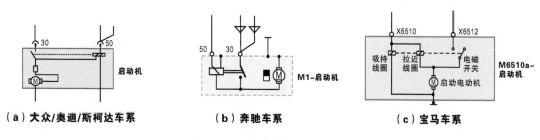

图2-13 启动机的符号

② **电气设备端子标注** 为了查找和维修汽车电路的方便，在电路图中用一定数字、字母对电气设备的接线端子进行了标注（如图2-14所示），了解这些端子的标注，可准确地找到导线和相应的接线端子。各国汽车制造厂家对端子的标注方法不尽相同，表2-1所示是德国汽车电路设备端子的部

分标注方法。

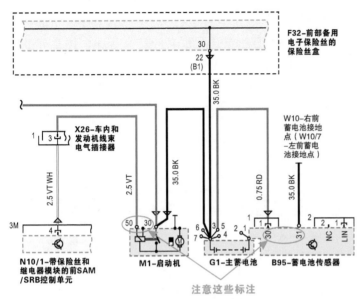

图2-14 奔驰汽车电气设备端子标注示例

端子	说明
15	点火开关在ON、ST挡时的有电的接线端
30	蓄电池正极电压
31	蓄电池负极
B+或（＋）	蓄电池正极
GND或（－）	接地
50	启动机控制端
54	制动灯
56a	远光灯
85	继电器电磁线圈接地端
86	继电器电磁线圈供电端
87	继电器触点输入端
87a	继电器触点输出端

表2-1 德国汽车电路设备端子的部分标注说明

③**汽车电路中的缩略语** 由于电路图幅面有限，对各元器件的注释大都采用缩略语。缩略语有的是系统英文名称的缩写，例如ABS（Anti-lock Braking System）来表示防抱死制动系统，AT（Automatic Transmission）来表示自动变速器。有的用端子所连接的电气设备的英文缩写来作为端子的缩写，例如用BAT（Battery蓄电池）来表示该端子连接的是蓄电池，用INJ(Injector喷油器）来表示该端子连接的是喷油器。

只有正确理解电路图中的缩略语，才能正确阅读电路图。电路图中的缩略语可以通过查阅英汉汽车缩略语词典来了解其含义，也可以通过参考电路图中的说明来了解。

（3）熟悉元器件的作用

汽车电路中有许多开关、继电器、传感器、执行器、电控单元ECU。

①**开关** 开关是控制电路通断的关键。电路中主要的开关往往汇集许多导线，如点火开关、车灯控制开关，阅读与开关相关的电路图时应注意分析以下事项。

·在开关的许多接线柱中，找出哪些是接电源的，哪些是接用电器的，接线柱旁的接线符号代表什么意思。

·蓄电池或发电机的电流是通过什么路径到达这个开关的，中间是否经过其他的开关和保险丝，控制开关是手动按钮还是自动控制的。

·开关共有几个挡位，每个挡位有什么作用，在每个挡位中，哪些接线柱通电，哪些断电。

·各个开关分别控制什么用电器，被控制用电器有什么作用和功能。

·在被控的用电器中，哪些电器处于常通，哪些电路处于短暂接通；哪些应先接通，哪些应后接通；哪些单独工作，哪些应同时工作。

② 继电器　继电器起开关作用，它利用电磁或其他方法（如热电或电子），控制某一回路的接通或断开，实现用小电流控制大电流，从而减小控制开关触点的电流负荷。在分析带继电器的电路时，要分清主回路和控制回路，如图2-15所示是一汽大众捷达NF供电继电器工作电路，图中红色箭头所示的回路为控制回路，绿色箭头所示的回路为主回路。

③ 传感器　汽车电路中的传感器经常共用电源线、接地线，但绝不会共用信号线（如图2-16所示）。在分析传感器电路时，可用排除法来判断电路，即排除其不可能的功能来确定其实际功能，如分析某一具有三根导线的传感器电路时，如果已经分析出其电源电路、接地电路，则剩余的电路必然为信号电路。

④ 执行器　汽车电路中最常见的执行器主要是喷油器、点火线圈、换挡电磁阀、怠速步进电动机、空调压缩机等。执行器要正常工作需要三个信号，即电源、接地和控制信号。控制信号主要由控制单元送出，在汽车电路中，会看到执行器共用电源线、接地线甚至控制线的情况。如图2-17所示电路中，点火线圈N70、N127、N291、N292就共用了电源线和接地线。

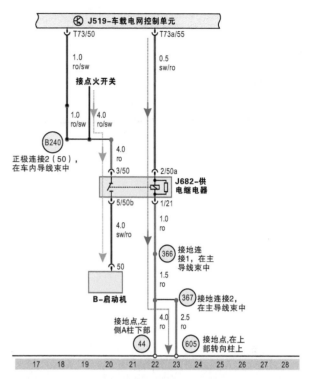

图2-15　一汽大众捷达NF供电继电器工作电路

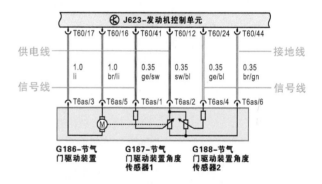

图2-16　一汽大众迈腾节气门电路

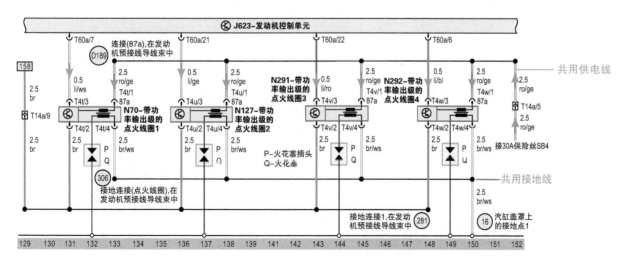

图2-17　全新帕萨特点火线圈电路

⑤ 电控单元ECU 汽车电子控制系统越来越多,在识读汽车电子控制系统电路图时,要以电控系统的ECU为中心,因为这是整个系统的控制中心,所有电气部件都必然与这里发生关系。

对ECU的各个接脚有大致印象,弄清楚分为几个区域,各区接脚排列的规律。

找出该系统给ECU供电的电源线有哪些,注意一般ECU都不止一根电源线,弄清楚各电源线的供电状态(如常火线或开关控制)。

找出该系统的搭铁线有哪些,注意分清楚哪些是在ECU内部搭铁,哪些是在车架上搭铁,哪些是在各总成机体上搭铁。

找出哪些是系统的信号输入传感器,各传感器是否需要电源,并找出相应的电源线,该传感器在哪里搭铁。

找出系统的执行器有哪些,弄清电源供给和搭铁情况及电脑控制执行器的方式(控制搭铁端或电源)。

(4)运用回路的原则

任何一个完整的电路都由电源、保险丝、开关、控制装置、用电设备、导线等组成。电流流向必须从电源正极出发,经过保险丝、开关、控制装置、导线等到达用电设备,再经过导线(或搭铁)回到电源负极,构成回路,如图2-18所示为本田雅阁电动后视镜电路图。因此读电路图时,有以下三种思路。

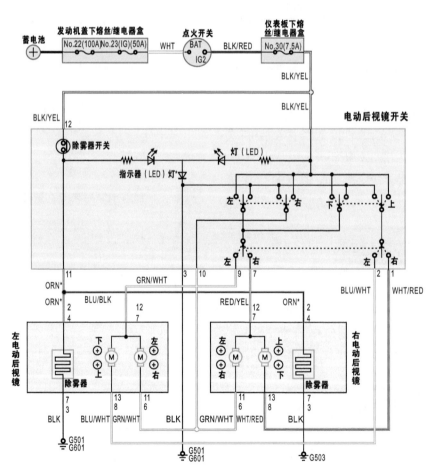

图2-18 本田雅阁电动后视镜电路图

思路一：沿着电路电流的流向，由电源正极出发，到保险丝、开关、控制装置、用电设备等，回到电源负极。

思路二：逆着电路电流的方向，由电源负极（搭铁）开始，经过用电设备、控制装置、开关、保险丝等回到电源正极。

思路三：从用电设备开始，依次查找其控制开关、连线、控制单元，到达电源正极和搭铁（或电源负极）。

以图2-18为例说明三种思路。把电路图简化，得到如图2-19（a）所示的电路，思路一如图2-19（b）所示的红色信号线，思路二如图2-19（c）所示的蓝色信号线，思路三如图2-19（d）所示的红色和蓝色信号线。

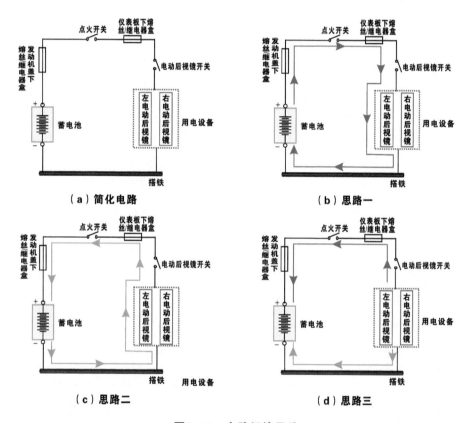

图2-19　电路识读思路

（5）利用汽车电路图的一般规律

把全车电路化整为零，按功能及工作原理划分成若干独立的电路系统，这样容易分析问题，理出头绪。汽车整车电路一般都按各个电路系统来绘制，如发动机控制系统、变速器控制系统、ABS、SRS、空调等，这些单元电路都有它们自身的特点。掌握各个电路系统的工作原理，理解整车电路也就容易了。

三、接线图

从原理框图中可大概了解汽车电器的基本组成及其相互关系和主要特征，从汽车电路图可以比较详细地了解电气元件间的相互控制关系和工作原理，但它们都不能表达汽车电器的实际情况，为了便于汽车电气线路的布置、连接，常需要绘制接线图。

所谓接线图是指专门用来标记电气设备的安装位置、外形、线路走向等的指示图。它按照全车电气设备安装的实际位置绘制，部件与部件之间的连线按实际关系绘出，为了尽可能接近实际情况，图中的电器不用图形符号，而是用该电器的外形轮廓或特征表示，在图上还尽量将线束中同路的导线画在了一起。这样，汽车接线图就较明确地反映了汽车实际的线路情况，查线时，导线中间的分支、接点很容易找到，为安装和检测汽车电路提供方便。但因其线条密集，纵横交错，给读图、查找、分析故障带来了不便。

如图2-20所示为启动系统的接线图，图中的蓄电池、点火开关、启动继电器和启动机都以部件外形示意图或线描画出，非常直观。

接线图的识读方法：识读接线图前应对该车所使用的电气设备的结构、原理有一定的了解。通过识读接线图，弄清该车所有电气设备的数量以及它们在汽车上的实际安装位置，了解该车每一种电气设备的接线柱的数量、名称，弄清每一接线柱的实际意义。

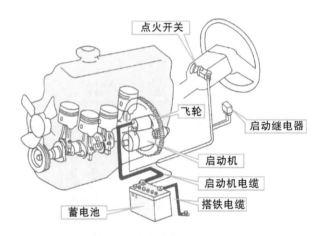

图2-20　启动系统接线图

四、线束图

线束图表明了电路线束与各用电器的连接部位、接线柱的标记、线头、插接器的形状及位置等，是人们在汽车上能够实际接触到的汽车电路图。从线束图中可以了解到线束的走向，并可以通过露在线束外面的线头与插接器详细编号或字母标记得知线束各连接器的位置。线束图常用于汽车制造厂总装线和修理厂的线束连接、检修、配线和更换。

目前，汽车制造商为便于用户在使用、维修过程中进行检查、测试，还往往在维修手册中给出有关电器的安装位置图，线束图解。线束图与电路原理图、接线图结合起来使用，具有很大的参考价值。不同的生产家商，线束图略有不同，图2-21所示为丰田车系的线束图，图2-22所示为东风悦达起亚车系的线束图（北京现代车系线束图与此相似），图2-23所示为奇瑞车系的线束图（上汽通用五菱车系线束图与此相似）。

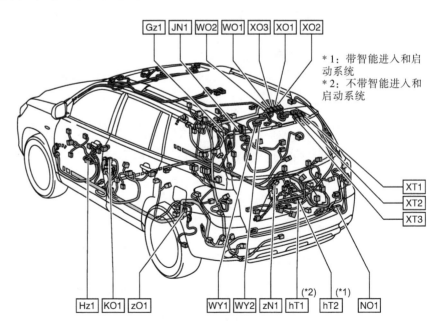

图2-21　丰田车系的线束图

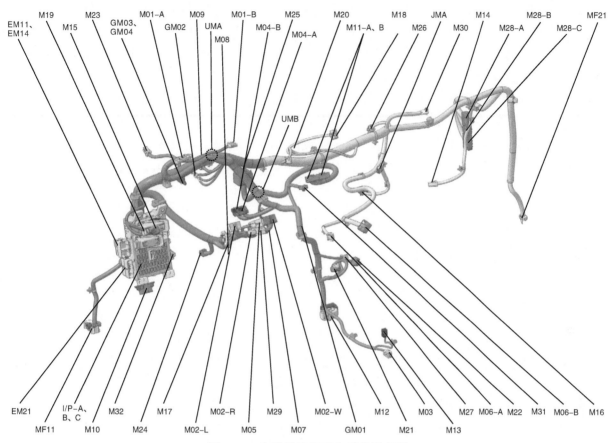

图2-22　东风悦达起亚车系的线束图

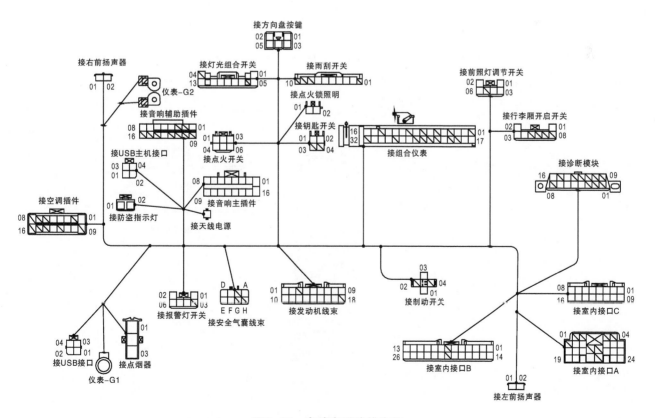

图2-23　奇瑞车系的线束图

线束图识读方法：拿到线束图，应先认真读一遍图注，然后对照线束图，了解整车共有几组线束、各线束名称以及各线束在汽车上的实际安装位置。弄清每一线束上的枝叉通向车上哪个电气设备、每一分枝叉有几根导线、它们的颜色与标号以及它们各连接到电器的哪个接线柱上。弄清有哪些插接器件，它们应该与哪个电气设备上的插接器相连接。

识读线束图的目的是查找故障并进行维修。当发现汽车电路线束出现部分损坏，需要拆卸修理时，应记下一些必要的数据，如线束总长、主要有几个大的分支、各分支之间的间隔长度、各分支的长度等，以利于线束的修复。此外，可标记线束以及与其相对应的位置，或者记下对应各线束及接线柱的有关标记（如线头颜色、接线柱的形状或符号等），这样就可以在安装、拆卸的过程中更方便操作。

五、电气设备定位图

✹1. 了解电气设备定位图

电气设备定位图以平面图或实物图的形式显示用电器、控制器件、连接器、接线盒、熔丝盒、继电器盒等在车上的具体位置图。通过电气设备定位图可以准确地找到各电气元件在车上的安装位置。电气设备定位图按照汽车上电气设备的不同可以分为电控单元位置图、用电器位置图、过载保护装置定位图、接地点（搭铁）位置图、连接器的插脚排列图等。

参考电气设备定位图能把电路图与实物快速地联系起来，使读者更容易地读懂电路图，并能方便地查找故障元件，有利于故障的排除。

✹2. 电气设备定位图识读方法

电气设备定位图通常用箭头或带点的黑实线来指明电气设备的位置，用文字来说明电气设备的名称，如图2-24所示的电控单元位置图和图2-25所示的电气部件位置图，这种图简单、直观，容易查找，识读时注意文字的说明及箭头的指向，即可找到实物。

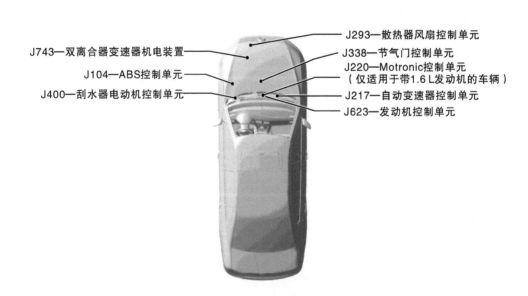

图2-24　新朗逸轿车发动机舱中的控制单元位置分布图

图2-25　电气部件位置图

识读过载保护装置定位图方法：保险丝、继电器及导线的铰接点往往集中安装在保险盒、继电器盒及接线盒中。在读图时先从电气设备定位图了解各盒在车上的安装位置后，再通过各盒的内部线路图了解盒内的连接关系。在电路图中，保险丝往往采用保险丝所在系统或作用的缩略语加保险丝规格来表示。如图2-26中的"ABS 10A"表示保险丝位于防抱死制动系统，熔断电流为10A。也有的车型采用保险丝编号加保险丝规格来表示，例如别克凯越汽车上的"Ef1 30A"、"Ef2 60A"、"Ef3 30A"等。

继电器在电路图中常常采用继电器所控制的电气设备的名称来表示继电器，如图2-26中的发动机控制继电器、启动继电器、鼓风机继电器等。

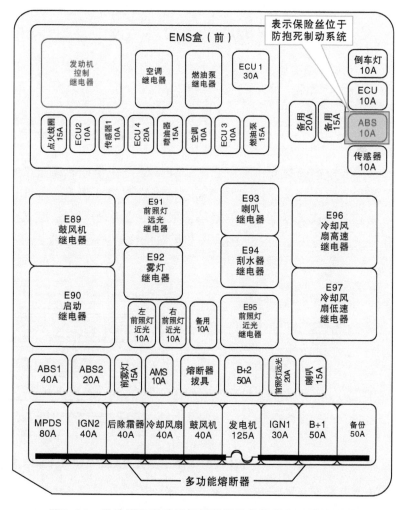

图2-26　悦动轿车发动机舱保险丝与继电器盒元件位置图

识读接地点位置图的方法：在电路图中，电路的接地点往往采用字母加数字的编号方法，在接地点位置图中，按编号即可找到相应的接地点。例如图2-27中的G6、G7等。

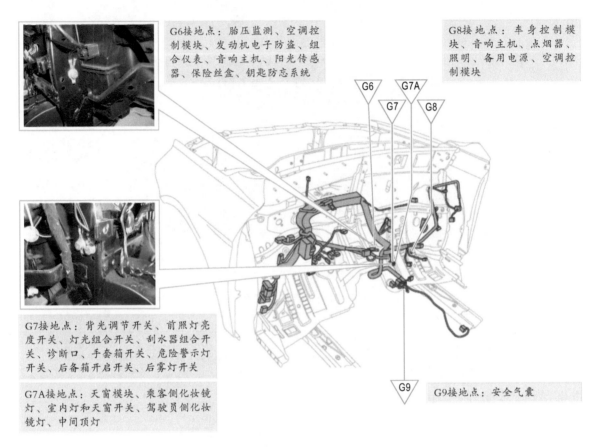

G6接地点：胎压监测、空调控制模块、发动机电子防盗、组合仪表、音响主机、阳光传感器、保险丝盒、钥匙防忘系统

G8接地点：车身控制模块、音响主机、点烟器、照明、备用电源、空调控制模块

G7接地点：背光调节开关、前照灯亮度开关、灯光组合开关、刮水器组合开关、诊断口、手套箱开关、危险警示灯开关、后备箱开启开关、后雾灯开关

G7A接地点：天窗模块、乘客侧化妆镜灯、室内灯和天窗开关、驾驶员侧化妆镜灯、中间顶灯

G9接地点：安全气囊

图2-27 吉利帝豪仪表盘接地点位置图

识读连接器的插脚排列图方法：连接器是一个连有线束的插座，是电路中线束的中继站。连接器上往往有多个插脚，所以必须通过插脚排列图来明确各插脚的连接，从而追踪各条进入该连接器的导线。对于连接器上端子的编号常采用左边为1号端子、由左至右依次增大的编号方法，若连接器上有两排或两排以上端子，则采用左至右依次增大的S形端子编号方法，如图2-28所示。

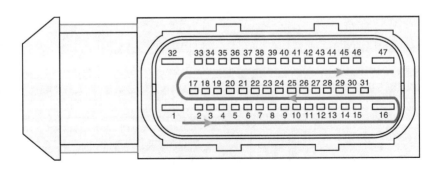

图2-28 一汽大众速腾ABS电控单元连接器的插脚排列

汽车电路图中常采用连接器代码加连接器端子编号的方法来表示连接器上的端子。如图2-29所示的一汽大众速腾ABS电控单元电路图中的"T47/41"表示代码为T47的连接器上编号为41的端子。

代码相同的连接器为同一端子连接器，也有采用把相同的连接器用虚线框起来或用虚线连起来的表示方法，如图2-30所示。

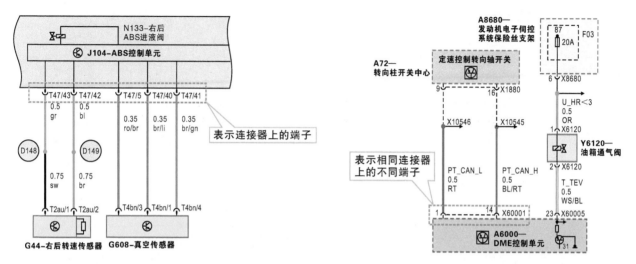

图2-29　一汽大众速腾ABS电控单元电路图（部分）　　图2-30　宝马N52发动机控制系统电路图（部分）

对电子控制系统，在检修时需要知道电控单元各插脚的相关数据，这可以通过对插脚的说明来了解，如表2-2所示为一汽大众速腾ABS电控单元连接器的插脚排列说明。

表2-2　一汽大众速腾ABS电控单元连接器的插脚排列说明

针脚	导线颜色	说明	针脚	导线颜色	说明
1	红/黄	40A熔丝SB25	38	黑/红	制动开关信号
5	红/褐	真空传感器3脚	39	淡紫/绿	ASR和ESP按钮
8	黑/淡紫	5A熔丝SC2	40	褐/淡紫	真空传感器1脚
12	橘黄/黑	CAN-H	41	褐/绿	真空传感器4脚
13	橘黄/褐	CAN-L	42	蓝	右后轮速传感器-
32	红/白	30A熔丝SB4	43	灰	右后轮速传感器+
33	绿	右前轮速传感器-	45	黑	左前轮速传感器+
34	黑	右前轮速传感器+	46	褐	左前轮速传感器-
36	灰/红	左后轮速传感器+	47	褐	搭铁
37	灰/红	左后轮速传感器-			

注：编号2~4、6、7、9~11、14~31、35、44的针脚未使用。

第三章　各品牌车型电路的特点及识读方法

汽车电路有相同点，识读电路图的原则也相同，但由于世界各国汽车制造厂家电路图的绘制没有统一的标准，所采用的电气符号、电路图表达方法等都存在很大差异。因此在识读电路图前，必须了解该厂家电路图的绘制标准。下面就详细介绍常见车系电路符号、电路图的特点，并举例说明该车系电路图识读的方法。

第一节　大众汽车电路图的识读

大众汽车车型较多，如捷达、宝来、速腾、迈腾、朗逸、帕萨特、桑塔纳、途观、奥迪A6L等。它们的电路图的表达方式相同或相近，故只要读懂了任一车型的电路图以后，识读大众各类车型的电路也就容易了。

大众汽车电路图在电路符号、文字标注、导线颜色的规定上与其他厂家略有不同，有它自身的特点，因此，在阅读电路图前，需要了解大众汽车电路符号、电路图的特点与识读方法。

一、大众汽车电路图符号与说明

1. 大众汽车电路符号

大众汽车电路符号与实物对照如表3-1所示，表中列举了部分电气元件的实物，以供参考。

表3-1　大众汽车电路符号与实物对照

电路符号	实物	电路符号	实物	电路符号	实物
交流发电机		继电器		发光二极管	
压力开关		感应式传感器		电阻	
机械开关		熔丝		可变电阻	
温控开关		内部照明灯		启动机	

续表

电路符号	实物	电路符号	实物	电路符号	实物
电动机		灯泡		多挡手动开关	车灯开关
按键开关		显示仪表		氧传感器	
电子控制器		电磁阀	喷油器	喇叭	
爆燃传感器		双速电动机	刮水器电动机	蓄电池	
扬声器		插头连接		火花塞和火花塞插头	
点烟器		元件上多针插头连接	发动机控制单元插脚图	点火线圈	
电热元件		电磁离合器	手动开关	接线插座	

✳ 2. 大众汽车常见元器件字母代号含义

大众汽车电路图中，电气元件是主体，用框图辅以相应的代号表示，通常用字母或字母加数字的组合对元件进行标注，每一个元件都有一个代号，如图3-1所示，其中A表示蓄电池，B表示启动机，C表示交流发电机等。了解这些字母的含义，对电路的识读和维修有很大的帮助。表3-2中列出了大众汽车常用的元器件字母代号及含义。

✳ 3. 大众汽车电路接线代码说明

在大众汽车电路图中，电路元件的接线点都以接线代码的方式标注出来。这些代码无论在电路的何处出现，相同的代码都代表相同的接点，如图3-2所示，启动机B上有两个接线代码分别为30与50的接

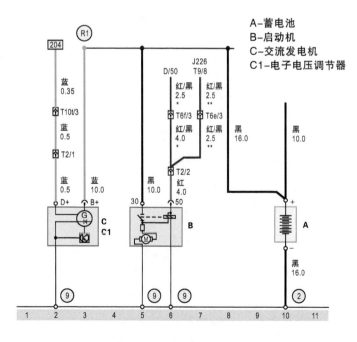

图3-1　电气元件字母代号

表3-2 大众汽车常用的元器件字母代号及含义

代号	含义	代号	含义	代号	含义	代号	含义
A	蓄电池	G	以G开头多为仪表、传感器类	M	车外照明、信号灯类	U	点烟器、插座类
B	启动机			N	电磁线圈类	V	电动机类
C	交流发电机	H	电喇叭类	P	火花塞插头	W	车内照明灯类
C1	电子电压调节器	J	代表继电器、控制元件	Q	火花塞	X	牌照灯
D	点火开关	K	指示灯类	R	收音机	Y	模拟表、数字钟类
E	手动开关	L	雾灯、开关/按钮照明灯类	S	保险丝类	Z	加热装置类
F	自动开关			T	插接器代号	—	—

点，而在点火开关D上也有代码为30与50的两个接点，这两个元件的代码为30与30之间是相连接的，30号线表示常电源，直接与蓄电池正极相连接，不受点火开关的控制；代码50与50之间也是相连接的，50号线是受点火开关控制的，只有在点火开关位于启动挡时，50号线才得电并供给负载电路。大众汽车电路常用接线代码说明如表3-3所示。

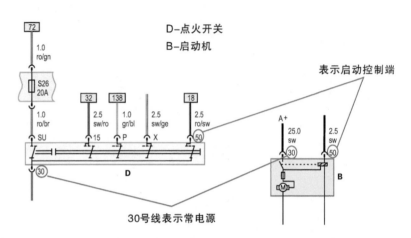

图3-2 接线代码说明

表3-3 大众汽车电路常用接线代码说明

端子	说明	端子	说明
1	点火线圈负极端（转速信号）	67	交流发电机励磁端
4	点火线圈中央高压线输出端	85	继电器电磁线圈接地端
15	点火开关在ON、ST挡时有电的接线端	86	继电器电磁线圈供电端
30	接蓄电池正极的接线端，还用31a、31b、31c、…表示	87	继电器触点输入端
		87a	当继电器线圈没有电流时，继电器触点输出端
31	接地端，接蓄电池负极	87b	当继电器线圈有电流时，继电器触点输出端
49	转向信号输入端	B+	交流发电机输出端，接蓄电池正极
49a	转向信号输出端	B-	接地，接蓄电池负极
50	启动机控制端，当点火开关在"START"时有电	D+	发电机正极输出端
53	刮水器电动机接电源正极端	D	同D+
54	制动灯电源端	D-	接地，接蓄电池负极
56	前照灯变光开关正极端	DF/EXC	交流发电机励磁电路的控制端
56a	远光灯接线端	DYN	同D+
56b	近光灯接线端	E/F	同DF
58	停车灯正极端	IND	指示灯
61	发电机接充电指示灯端	+	辅助的正极输出

❋ 4. 保险丝与继电器

大众车系中，保险丝与继电器多采用中央配电盒方式，如捷达、帕萨特、桑塔纳系列轿车等。图3-3所示为捷达轿车中央配电盒，它几乎集中了全部保险丝，中央配电盒安装在刹车踏板上部，全车有保险丝22个或30多个（车型配置不同有差异），并且保险丝容量用不同的颜色加以区别，全车极少数保险丝设置在蓄电池附近。中央配电盒内也集中了几乎全部继电器，全车有6~12个或24个继电器（图中为12个）。几乎全部主线束均从中央配电盒背面插接后通往各用电器，这样全车线束也都集中在驾驶室的仪表板附近。

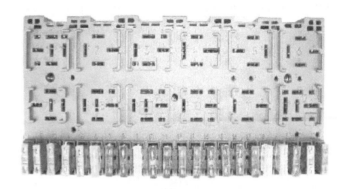

图3-3　捷达轿车中央配电盒

目前大众新款车中，多采用车载电源控制单元J519作为中央配电盒。它具有供电端子控制、灯光控制、雨刮控制、转向信号控制、风挡玻璃加热、个性化设置等功能。如图3-4所示为迈腾轿车的车载电源控制单元。

新款车型中，保险丝盒也自成一体，不与继电器混装在一起，有的装在左侧仪表台下，有的装在右侧仪表台下，如图3-5所示。

通常厂家会在维修手册中给出各种车型保险丝、继电器位置与名称，供读者查阅。

图3-4　迈腾车载电源控制单元J519

（a）仪表台左侧保险丝支架SC 保险丝　　　（b）仪表台右侧保险丝支架SD 保险丝

图3-5　一汽大众帕萨特仪表台左侧与右侧保险丝支架

✳ 5. 大众汽车电路导线说明

大众汽车电路图表达了两种性质的线路连接方式，即内部连线与外部接线，如图3-6所示。

内部连线在图上以细线画出，这部分连接是存在的，但线路是不存在的。标示线路只是为了说明这种连接关系，同时使电路图更加容易被理解。

外部接线在图上用粗实线画出，每条线上都标注有导线的颜色、导线的截面积。电路导线颜色用字母表示，常用导线字母及含义如表3-4所示。如果导线是双色的，则以两种颜色的字母共

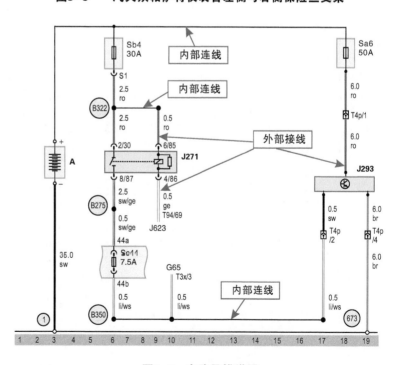

图3-6　电路导线说明

同标记，放在前面的为主色，后面的为辅助色。例如sw/ge，li/ws等。导线的截面积是以数字标示在导线颜色上方，单位是mm²。

表3-4　大众汽车电路导线颜色标码说明

英文简写	颜色	色标	英文简写	颜色	色标	英文简写	颜色	色标
sw	黑色		rs	粉红色		Vi（或li）	紫色	
br	褐色		ge	黄色		gr	灰色	
ro（或rt）	红色		gn	绿色		ws	白色	
or	橘黄色		bl	蓝色		—	—	—

二、大众汽车电路图的特点

1. 全车电路图由三部分组成

大众汽车全车电路图分为三部分，如图3-7所示。最上面部分为中央配电盒电路，其中标明了熔丝的位置及容量、继电器位置编号及接线端子号等；中间部分是车上的电气元件及连线；最下面的横线是搭铁线，上面标有电路编号和搭铁点位置。最下面搭铁线的标号是人为编制的，在实物中是不存在的，目的是方便标明在一页画不完的连线的另一端在何处，方便查找导线。

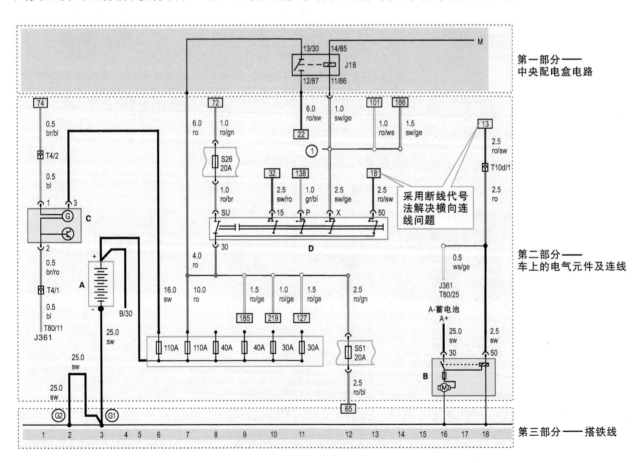

图3-7　大众汽车电路图的组成

2. 采用断线代号法解决横向连线问题

电路图采用了断线带号法解决线路交叉问题。对于一些线路比较复杂的设备（如前照灯），它工作时要涉及点火开关、灯光开关和变光开关等配电设备，而这3个开关不在同一条纵线上，若按传统画法，必定要画一些横线将它们连接起来，这样图上就会出现较多横线，增加读图难度，为此，该电路图的总线路图采用了断线带号法。如图3-7中启动机电路导线的上半段在电路号码为"13"的位置上，下半段在电路号码为"18"的位置上，图中的处理方法是在上半段电路终止处画一小方框，内标"18"，说明下半段电路应在号码为"18"的位置上寻找；下半段电路开始处也有一小方框，内标"13"，说明上半段电路应在号码为"13"的位置上寻找。通过以上4个数字，上、下段电路就有机地联系在一起了，从而解决了线路交叉的问题。

3. 电路呈垂直方式分布

总线路采用了垂直画线方式，图上不出现导线交叉，只有中央接线盒内才采用水平画线方式。图3-8中出现了较多的水平导线，这些水平导线除了15、30、31、50、X外，还有一些临时编号线，如a、b、c、d、e、g、h、m、n、r等（如图3-8中的b、c线），这些线是在中央接线盒的内部，而在电路图的主体电路部分基本不出现交叉。

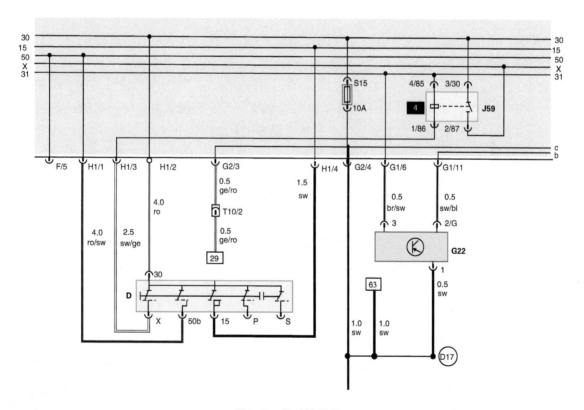

图3-8　临时编号线

4. 搭铁线的标注方式

在搭铁线上，通常用圆圈圈起来的数字（或字母加数字）来表示电路中不同的搭铁点，只要圆圈内的数字（或字母加数字）相同，就说明它们是属于同一个搭铁点。通过这些用圆圈圈起来的数字号，就可以在电路图的说明中查找到搭铁点在车身的位置。如图3-9中下部横线上的"ⓖ"表示蓄电池至车身搭铁点，"ⓖ2"表示变速器至车身搭铁点。

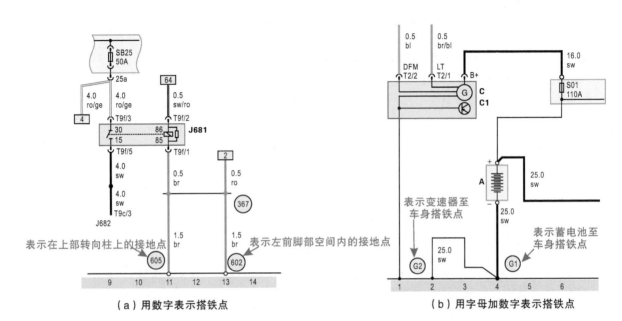

（a）用数字表示搭铁点　　　　　　　　　（b）用字母加数字表示搭铁点

图3-9　搭铁线的标注方式

5. 在表示线路走向的同时，还表示出了线路结构情况

汽车的整个电气系统以中央配电盒（又称保险丝-继电器插座板）为中心进行控制，大部分继电器和保险丝安装在中央配电盒的正面。接插器和插座安装在中央配电盒的背面。如图3-7中的J18-X触点卸荷继电器在电路和图上标有13/30、14/85、12/87和11/86，其中分子数13、14、12和11是指中央配电盒上的X触点卸荷继电器各插孔位置（如图3-10所示），分母数30、85、87和86是指继电器上的4个插脚（如图3-11所示），分子和分母在插接时是相对应的。

分母上数字的含义：

85——用于搭铁，即接地线或蓄电池负极搭铁线。

86——用于接来自于点火开关控制的电源线，即条件电源线（如15号线或X线）。

30——用于接蓄电池正极，始终有电或称为常电。

87——受继电器触点控制的电源线。当条件电源通电后，85、86号线导通，继电器线圈产生磁性，吸引30号与87号线路之间的触点闭合，使用电器通电。

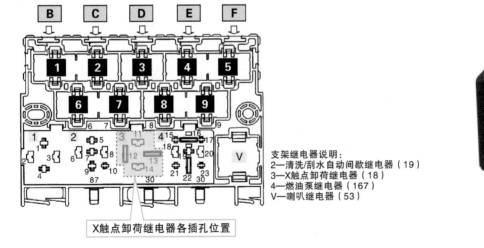

支架继电器说明：
2——清洗/刮水自动间歇继电器（19）
3——X触点卸荷继电器（18）
4——燃油泵继电器（167）
V——喇叭继电器（53）

X触点卸荷继电器各插孔位置

图3-10　继电器位置图　　　　　　　**图3-11　X触点卸荷继电器插脚**

✹6. 带星号电路图说明

由于车型配置不同或者电路图适用的年限不同，常采用带星的符号加以区别，并在图注中给予说明，如图3-12所示。一个星号的线束表示仅适用于带手动变速器的汽车，带两个星号的线束表示仅适用于带自动变速器的汽车。所以读图时可以拆分为两幅图来理解。

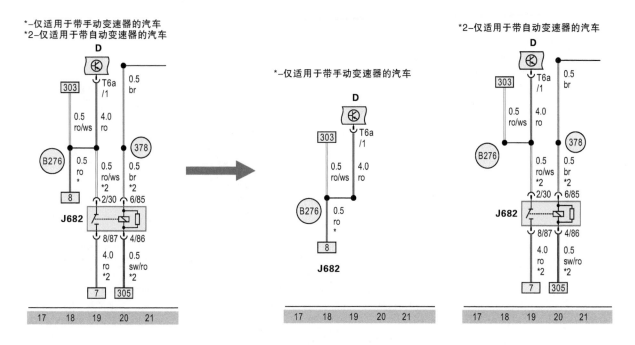

图3-12　带星号电路图说明

三、大众汽车电路图识读示例

下面以新速腾蓄电池、启动机、交流发电机、车载电网控制单元电路（如图3-13所示）为例予以说明。

电路识读：从电路图中可以看出，蓄电池正极"+"分两路接线，一路接启动机30端子，另一路接电控箱上的螺栓。蓄电池有两个作用：发动机启动时或发电机输出电压低于蓄电池电压时，由蓄电池向汽车用电设备供电；在发电机正常工作后，当蓄电池存电不足时，由发电机向蓄电池充电。

启动机的30号端子接蓄电池正极供电端；50号端子为启动控制端，与方框内代码为46的导线相接。

交流发电机"B+"端为电压输出端，接200A的SA1保险丝。"L"端为充电指示灯控制端，经插头连接器T4t/2、车内空间导线束中的连接（61）后接载电网控制单元的T52c/32端。"DFM"端为交流发电机反馈信号输出端，经插头连接器T4t/1后与方框内代码为68的导线相接。

主继电器J271与保险丝座SB一起安装在发动机舱左侧的电控箱上，主继电器的86脚为供电端；85脚为控制端，经电控箱的62端后与方框内代码为66的导线相接，它实际是受发动机控制单元的控制，当发动机控制单元的相应端子输出低电压信号时，主继电器线圈得电，J271的主触点导通，主继电器的87号线与30号线导通，蓄电池电压分别供电给相关电气设备。

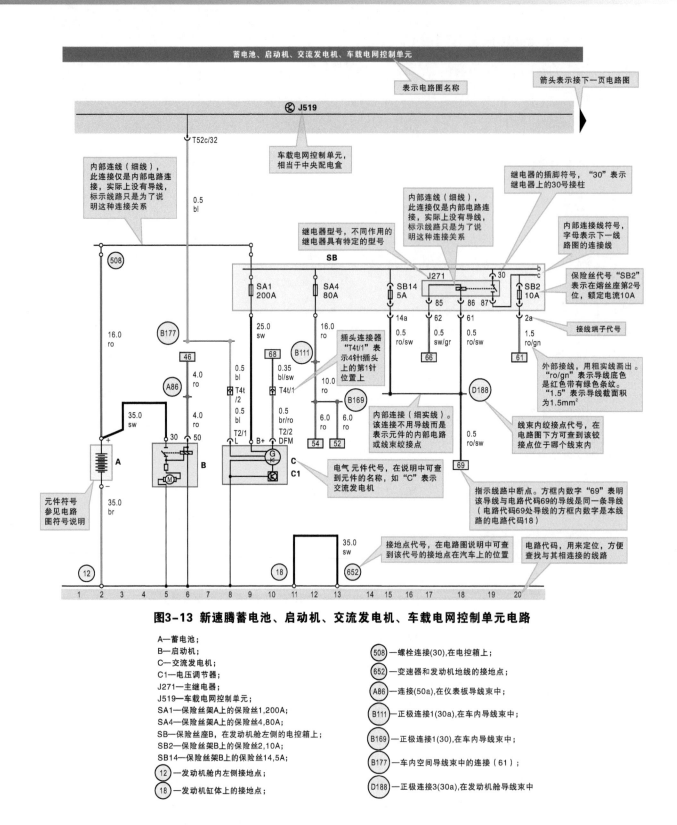

图3-13 新速腾蓄电池、启动机、交流发电机、车载电网控制单元电路

A—蓄电池;
B—启动机;
C—交流发电机;
C1—电压调节器;
J271—主继电器;
J519—车载电网控制单元;
SA1—保险丝架A上的保险丝1,200A;
SA4—保险丝架A上的保险丝4,80A;
SB—保险丝座B,在发动机舱左侧的电控箱上;
SB2—保险丝架B上的保险丝2,10A;
SB14—保险丝架B上的保险丝14,5A;
⑫—发动机舱内左侧接地点;
⑱—发动机缸体上的接地点;

508—螺栓连接(30),在电控箱上;
652—变速器和发动机地线的接地点;
A86—连接(50a),在仪表板导线束中;
B111—正极连接1(30a),在车内导线束中;
B169—正极连接1(30),在车内导线束中;
B177—车内空间导线束中的连接（61）;
D188—正极连接3(30a),在发动机舱导线束中

四、大众汽车电路缩略语及其含义

大众汽车电路缩略语及含义如表3-5所示。

表3-5 大众汽车电路缩略语及含义

缩略语	含义	缩略语	含义	缩略语	含义
A	安培	EPS	电动转向装置	NO	常开
AAS	汽车调整悬架	EVAP	燃油蒸发排放物	O2S	氧传感器
ABS	防抱死制动系统	F	前	OBD	车载故障诊断系统
ACC	附件	FICB	高急速阻风门强制开启系统	O/D	超速装置
ACV	空气调节阀	FM	调频	OFF	关闭
ADD	附加	FP	燃油泵	ON	打开
AIS	空气喷射系统	FPR	燃油泵继电器	OSC	振荡器
ALL	自动负载均衡	FUSE	保险丝	P	动力
AM	调幅	F/I	燃油喷射器	P/S	动力转向装置
AMP	放大器	GAS	汽油发动机	PCM	动力传动控制模块
ANT	天线	GEN	发电机	PJB	乘客分线盒
ASV	供气阀	GND	接地	PNP	驻车/空挡位置
ATX	自动变速驱动桥	H/D	发热器/除霜装置	PRC	压力调节控制
A/C	空调	HEAT	发热器	PRG	清洗电磁阀
A/F	空气燃料	HI	高	PSP	动力转向压力
A/T	自动变速器	HO2S	加热氧传感器	PTC	正温度系数发热器
B+	电池正极电压	HS	高速	PWM	脉宽调剂
BAC	旁路空气控制	HU	液压装置	QSS	快速启动系统
CAN	控制器区域网络	IAC	急速空气控制	R	后
CIS	连续燃油喷射系统	IAT	进气温度	REC	二次循环
CKP	曲轴位置传感器	IG	点火	RF	右前方
CM	控制模块	ILLUMI	照明	RH	右手
CMP	凸轮轴位置传感器	INT	间歇	RPM	每分钟转数
COMBI	结合	JB	接线盒	RR	右后方
CON	调节器	KS	爆燃传感器	SAS	精密安全气囊传感器
CONT	控制	LCD	液晶显示屏	SECTION	部分
CPU	中央处理器	LF	左前方	SFI	连续多点燃油喷射
DEF	除霜装置	LH	左手	SOL	电磁线圈
DI	分电器点火	LO	低	SPV	溢出阀
DIESEL	柴油发动机	LR	右后方	ST	启动
DLC	数据链路连接器	M	电动机	SW	开关
DLI	无分电器点火	MAF	质量空气流量	TC	涡轮增压器
DOHC	双顶置凸轮轴	MAP	进气歧管绝对压力	TCC	液力变矩器离合器
DRL	日间行车灯	MFI	多点燃油喷射	TCM	变速器（变速驱动桥）控制模块
DTC	诊断故障码（S）	MID	中间		
DTM	诊断测试模式	MIL	故障指示灯	TCS	牵引力控制系统
ECPS	电动液压助力转向装置	MIN	分钟	TEMP	温度
ECT	发动机控制温度	MIX	混合气	TFT	变速驱动桥油的温度
EGR	废气再循环	MPX	多路传输	TICS	三通管进气控制系统
EHPAS	电动液压助力转向装置	MS	中速	TNS	车尾号码侧灯
EI	电子点火	M/T	手动变速器	TP	节气门位置传感器
ELEC	电	MTX	手动变速驱动桥	TR	变速器（变速驱动桥）的范围
ELR	紧急锁紧式安全带卷收器	N	空挡		
ET	电子节气门	NC	常闭	TWS	总接线系统

缩略语	含义	缩略语	含义	缩略语	含义
V	伏特	VOL	容积	VTCS	可变进气涡流控制传感器
VAF	容积式空气流量传感器	VR	调压器	W	瓦特
VENT	通风	VRIS	可变谐振进气系统	WOT	节气门全开
VICS	可变惯性进气系统	VSS	车速传感器	YELL	黄色

第二节　通用汽车电路图的识读

一、通用汽车电路图符号

☀1. 通用汽车电路符号说明

　　通用汽车电路图中，大部分符号与其他车型类似，但个别符号与其他车系相比是很不相同的。表3-6列出电路符号及其说明。

表3-6　通用汽车电路符号及其说明

符号	说明	符号	说明	符号	说明
	局部部件。当部件采用虚线框表示时，部件或导线均未完全表示		直列式线束连接器		扬声器
	完整部件。当部件采用实线框表示时，所示部件或导线表示完整		接头	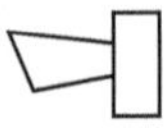	喇叭
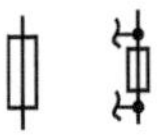	保险丝		搭铁	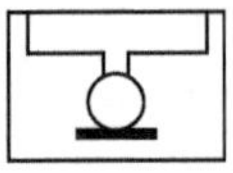	麦克风
	断路器	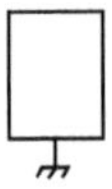	壳体搭铁		单丝灯泡
	易熔线		仪表	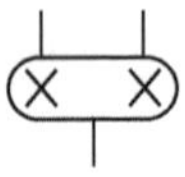	双丝灯泡
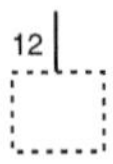	直接固定在部件上的连接器	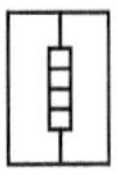	加热元件		二极管
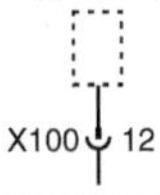	带引出线的连接器		天线		发光二极管
	带螺栓或螺钉连接孔的端子	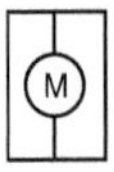	电动机		光电传感器

符号	说明	符号	说明	符号	说明
	电容器		感应型传感器–2线式		输入/输出双向开关（+/–）
	蓄电池		感应型传感器–3线式		安全气囊系统线圈
	可调蓄电池		霍尔效应传感器–2线式		不完整物理接头
	电阻器		霍尔效应传感器–3线式		完整物理接头2条线路
	可变电阻器		氧传感器–2线式		完整物理接头3条或多条线路
	位置传感器		加热型氧传感器–4线式		导线交叉
	爆燃传感器		屏蔽		绞合线
	压力传感器		开关		临时或诊断连接器
	电磁线圈–执行器		输入/输出下拉电阻器(–)		电路参考
	电磁阀		输入/输出上拉电阻器(+)		电路延长箭头
	离合器		输入/输出高压侧驱动开关(+)		选装件断裂点
	4针单刀/单掷继电器常开		输入/输出低压侧驱动开关(–)		搭铁电路连接
	5针继电器（常闭）				

🌟 2. 通用汽车电路导线说明

通用汽车电路图同时标注了导线所在电路号码和导线的颜色，如图3-14所示。通过电路编码可以知道该电路与连接器的连接情况，以方便识图和故障查询。导线有单色导线和双色导线两种，对于双色导线，左侧字母表示底色，右侧字母表示条纹颜色，如VT/GN表示带绿色标的紫色导线，常见导线颜色代码如表3-7、表3-8所示。

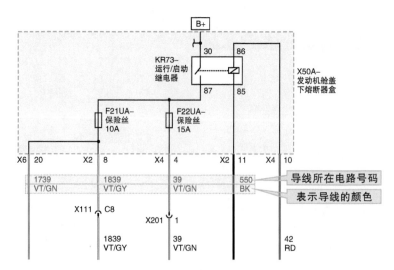

图3-14 电路导线说明

表3-7 单色导线示例

导线颜色	示意图上的缩写	色标	导线颜色	示意图上的缩写	色标
深绿色	D-GN		灰色	GY	
浅绿色	L-GN		红色	RD	
深蓝色	D-BU		黑色	BK	
浅蓝色	L-BU		粉红色	PK	
棕色	BN		白色	WH	
橙色	OG		紫色	PU（或VT）	
黄色	YE		—	—	—

表3-8 双色导线示例

导线颜色	示意图上的缩写	导线示例	导线颜色	示意图上的缩写	导线示例
带白色标的红色导线	RD/WH		带黑色标的绿色导线	GN/BK	
带黑色标的红色导线	RD/BK		带黑色标的浅绿色导线	L-GN/BK	
带白色标的棕色导线	BN/WH		带黄色标的红色导线	RD/YE	
带白色标的黑色导线	BK/WH		带蓝色标的红色导线	RD/D-BU	
带黄色标的黑色导线	BK/YE		带棕色标的黑色导线	BK/BN	

🌟 3. 保险丝说明

通用汽车电路图中，使用的保险丝主要有6种，即一般保险丝、微型保险丝、Maxi保险丝、J型保险丝、中型保险丝、大型保险丝。这几种保险丝的额定电流与对应颜色之间的关系如表3-9所示。

表3-9 保险丝的额定电流与对应颜色之间的关系

额定电流/A	颜色	额定电流/A	颜色	额定电流/A	颜色	额定电流/A	颜色
一般保险丝，微型保险丝		20	黄色	60	蓝色	60	黄色
2	灰色	25	白色或本色	50	红色	中型保险丝	
3	蓝紫色	30	绿色	J型保险丝		80	黑色
5	褐色	Maxi保险丝		20	蓝色	大型保险丝	
7.5	棕色	20	黄色	30	粉红色	100	黑色
10	红色	30	浅绿色	40	绿色	150	黑色
15	蓝色	40	橙黄色或琥珀色	50	红色	200	黑色

4. 车辆位置分区说明

通用汽车电路图中，车辆位置用识别编号进行分区，如图3-15所示。所有搭铁、直列式连接器、穿线护环和星形连接器都有与其在车辆上的位置相对应，表3-10对编号系统进行了说明。

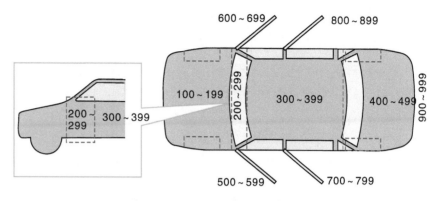

图3-15　车辆位置分区编号示意图

二、通用汽车电路图的特点

1. 电路图的结构特点

通用汽车系统电路图与其他车辆的电路图一样，上部一般也为电源电路，中间部分为控制元件与用电设备，下部为搭铁线或搭铁点。但是通用汽车系统电路图在电源电路部分比较特殊，电源线从上方进入，通常从保险丝处开始，并于保险丝上方用黑线框进行了标注（如图3-16所示），这些框格用于指示何时保险丝上有电压。电源通断图标说明如表3-11所示。

表3-10　车辆位置分区代码

车辆位置分区代码	区位说明
100～199	发动机舱—仪表板前方的所有区域
200～299	仪表板区域内
300～399	乘客舱—从仪表板到后轮罩
400～499	行李厢—从后轮罩到车辆后端
500～599	左前门内
600～699	右前门内
700～799	左后门内
800～899	右后门内
900～999	行李厢盖或舱盖内

注：001～099是发动机舱的备用编码，仅在100～199的所有编号已用完时才使用。

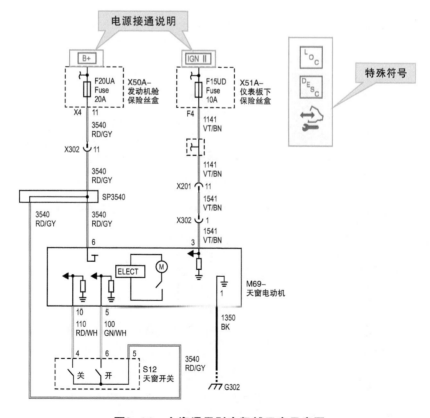

图3-16　上海通用别克凯越天窗示意图

✱2. 电路图中标有特殊的图标提示符号

在电路图的右上角，标有特殊的图标提示符（如图3-16所示），这些符号起警示作用，提醒技术人员电路中需要注意的地方。每一个符号都具有特定的含义，了解这些图标的含义对电路图的识读有很大的帮助，常见特殊图标符号说明如表3-12所示。

表3-11　电源通断图标说明

图标	说明
B+	蓄电池电压
IGN0	点火开关在Off（关闭）位置
IGN I	点火开关在Accessory（附件）位置时供电
IGN II	点火开关在Run（运行）位置时供电
IGN III	点火开关在Start（启动）位置时供电

表3-12　通用汽车电路图特殊图标符号含义

名称	图标	说明
主要部件列表图标	L O C	该图标用于链接"主要电气部件列表"
说明与操作图标	D E S C	该图标用于链接特定系统的"说明与操作"
计算机编程图标		该图标用于链接"控制模块参考"，确定更换时需要编程的部件
下一页示意图图标	 →	该图标用于进入子系统的下一页示意图
前一页示意图图标	 ←	该图标用于进入子系统的前一页示意图
串行数据通信功能	 ↑↓	该图标用于向技术人员表明该串行数据电路详细信息未完全显示
辅助充气式约束系统(SIR)或辅助约束系统(SRS)图标		该图标用于提醒技术人员，系统内含有辅助充气式约束系统/辅助约束系统部件，在维修前需要特别注意
信息图标		该图标用于提醒技术人员查阅相关的附加信息，以帮助维修某个系统
危险图标		该图标用于提醒技术人员该部件/系统包含300 V电压电路
高压图标		该图标用于提醒技术人员该部件/系统包含高于42V但低于300V的电压
告诫图标		该图标用于提醒技术人员维修该部件时应小心

三、通用汽车电路图的识读方法

通用汽车电路图是按照不同的系统分别画出来的，每个系统电路中，通常都会有一个或多个控制电路与主电路。对于某一个单独的局部电路，识读方法较简单，对于具有多个局部电路的系统，应将每一个局部电路分开分别进行识读。

✳ 1. 局部单元电路的识读方法

在通用汽车电路图中，一个局部电路一般仅表示一个子系统或实现一种功能。对于这类单一局部电路，可以从用电设备处出发，按照闭合回路的原则，逆着电流的流向向前查找，直至电源端，向后顺着电流的流向查找直至搭铁端。

✳ 2. 电源电压来源的识读方法

在一些单元电路中，对电源电压来源没有给出详细的电路。如图3-17所示，驾驶员侧车窗开关的电压来自于X50A保险丝盒 - 发动机舱内的30AF32UA保险丝，而F32UA保险丝之前的电压来自于KR76辅助电源继电器，详细的电压来源则需要查看发动机舱保险丝盒的电源分布示意图（如图3-18所示），从图3-18中可以看，蓄电池正极电压进入X50A保险丝盒 - 发动机舱内KR76辅助电源继电器开关触点的输入端，当KR76线圈得电时，KR76辅助电源继电器开关触点闭合，蓄电池电压经KR76开关触点后输出。

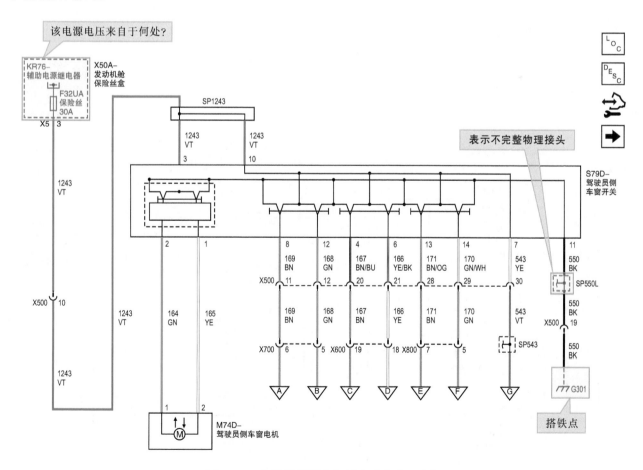

图3-17　上海通用别克凯越电动车窗示意图

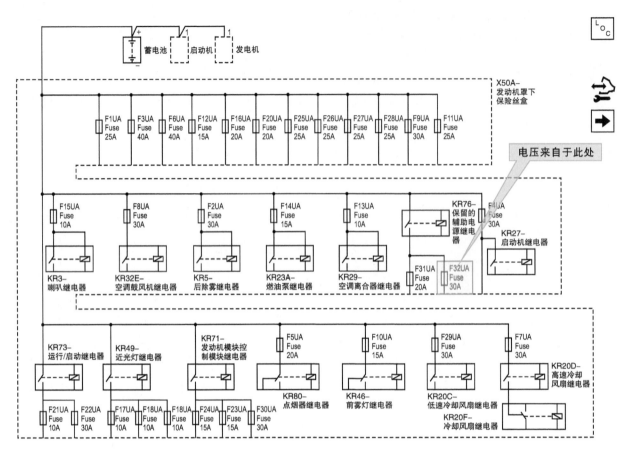

图3-18 发动机舱保险丝盒的电源分布示意图

✸3. 搭铁点电路的识读

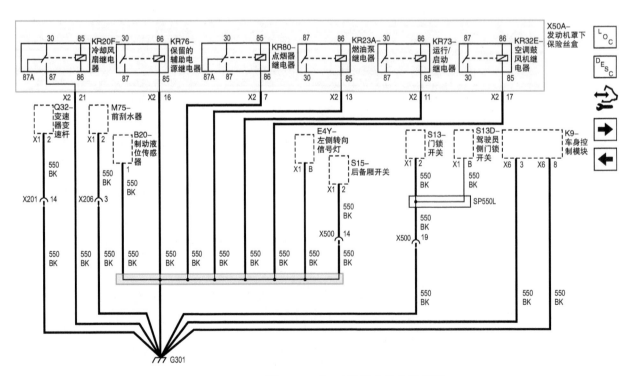

图3-19 G301搭铁点分布示意图

图3-17所示的上海通用别克凯越电动车窗示意图中，驾驶员侧车窗开关S79D经接头SP550L→插接器X500的19端→G301搭铁。图中SP550L的图标是一个不完整物理接头的符号，而且G301搭铁点上方用了虚线，表明除了电动车窗电路外，还有其他系统与G301搭铁点连接。

查看系统的搭铁点分布示意图，如图3-19所示。在该图中变速器变速杆、冷却风扇继电器KR20F、前刮水器、制动液位传感器、保留的辅助电源继电器KR76、点烟器继电器KR80、燃油泵继电器KR23A、运行/启动继电器KR73、空调鼓风机继电器KR32E、左侧转向信号灯、后备厢开关、门锁开关、驾驶员侧门锁开关、车身控制模块均和G301搭铁点相连接。

四、通用汽车电路图识读示例

下面以上海通用别克凯越发动机控制系统示意图（电源、搭铁、串行数据和故障指示灯）为例予以说明，电路如图3-20所示，识读说明如表3-13所示。

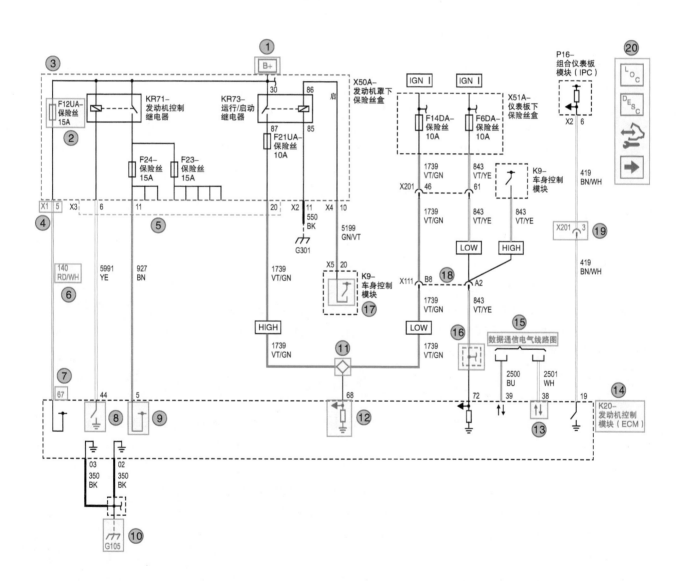

图3-20　上海通用别克凯越发动机控制系统示意图（电源、搭铁、串行数据和故障指示灯）

表3-13　电路图识读说明

序号	说明
1	电源接通说明，在电路图的上方用黑框表示，框内文字说明框下保险丝在什么情况下有电。"B+"表示该电路任何时间都有电，电压为蓄电池工作电压
2	表示F12UA号15A的保险丝
3	虚线框表示没有完全标示出发动机罩下保险丝盒的所有部分
4	表示导线是由发动机罩下保险丝盒的X1连接插头的5插脚引出，连接插头编号X1写在左侧，插脚编号5写在右侧
5	虚线表示6、11、20插脚均属于X3连接插头
6	数字"140"表示该导线所在的电路号码，"RD/WH"表示带白色条的红色导线
7	表示发动机控制模块K20的67插脚
8	表示输出低压侧驱动开关(-)，这里发动机控制模块K20的44插脚输出低电压信号，控制发动机控制继电器KR71的线圈工作
9	表示输入高电压信号，这里发动机控制模块K20的5插脚接收来自发动机控制继电器KR71的高电压信号
10	符号表示搭铁点
11	选装件断裂点，这里表示"HIGH"高配置车型与"LOW"低配置车型的不同电路
12	表示输出下拉电阻器，这里把来自F21UA保险丝（HIGH配置）或F14DA保险丝（LOW配置）的电压信号输出给发动机控制模块的内部控制电路
13	表示串行数据通信功能，该图标表明该串行数据电路详细信息未完全显示
14	表示部件的名称
15	表示需要参考数据的通信电气线路图
16	不完整物理接头
17	输出高压侧驱动开关(+)，这里车身控制模块输出高电压信号，控制运行/启动继电器KR73的线圈工作
18	虚线表示两条导线接入同一连接器
19	表示直列线束连接器，左侧"X201"表示连接插头编号（其中X表示连接插头），右侧"3"表示直列线束连接器的3插脚
20	表示特殊图标提示

电路识读：

① 电源电路共有如下四路。

第一路：蓄电池正极→发动机罩下保险丝盒内的15A F12UA保险丝→发动机罩下保险丝盒的X1连接插头的5插脚→140号导线→发动机控制模块K20的67插脚。

第二路：蓄电池正极→发动机罩下保险丝盒内的发动机控制继电器KR71的线圈，当发动机控制模块K20的44插脚输出低电压信号时，发动机控制继电器KR71的线圈得电，继电器开关触点闭合。蓄电池正极→KR71的开关触点→15A F24保险丝→发动机罩下保险丝盒的X3连接插头的11插脚→927号导线→发动机控制模块K20的5插脚。

第三路：分两种情况。一种是HIGH配置的车型，当车身控制模块K9的X5连接插头的20插脚输出高电压信号时，发动机罩下保险丝盒内的运行/启动继电器R73线圈得电，接通继电器内部的开关触点，蓄电池正极→KR73的开关触点→10A F21UA保险丝→发动机罩下保险丝盒的X3连接插头的20插脚→1739号导线→发动机控制模块K20的68插脚。另一种是LOW配置的车型，当点火开关在Accessory（附件）位置时供电，蓄电池正极→仪表板下保险丝盒内的10A F14DA保险丝→X201连接插头的46插脚→1739号导线→X111连接插头的B8插脚→发动机控制模块K20的68插脚。

第四路：分两种情况。一种是HIGH配置的车型，由车身控制模块K9的X5连接插头的15插脚输出点火开关辅助电源信号→843号导线→X111连接插头的A2插脚→不完整物理接头→发动机控制模块K20的72插脚。另一种是LOW配置的车型，当点火开关在Accessory（附件）位置时供电，蓄电池正极→仪表板下保险丝盒内的10A F6DA保险丝→X201连接插头的61插脚→X111连接插头的A2插脚→不完整物理接头→发动机控制模块K20的72插脚。

② 搭铁电路：发动机控制模块K20的02、03插脚为搭铁脚，经G105号搭铁点搭铁。

③ 串行数据电路：发动机控制模块K20的38、39插脚为串行数据接口插脚。通过串行数据接口，发动机控制模块与其他电控单元进行数据通信。

④ 故障指示灯电路：当发动机出现故障时，发动机控制模块K20的19插脚输出低电压开关信号，经419号导线→X201连接插头的3插脚→组合仪表板模块P16的X2连接插头的6插脚，点亮组合仪表板内部的故障指示灯。

五、通用汽车电路缩略语及其含义

通用汽车电路缩略语及含义如表3-14所示。

表3-14 通用汽车电路缩略语及含义

缩略语	含义	缩略语	含义	缩略语	含义
A		BATT	蓄电池	cg	重心
A	安培	BBV	制动助力器真空	CID	彩色信息显示器
ABS	防抱死制动系统	BCA	偏置控制总成	CKP	曲轴位置
A/C	空调系统	BCM	车身控制模块	CKT	电路
AC	交流电	BHP	制动器马力	C/Ltr	点烟器
ACC	附件,自动温度控制	BLK	黑色	CL	清除,闭环
ACL	空气滤清器	BLU	蓝色	CLS	冷却液面高度开关
ACM	空调模块	BP	背压	CMC	压缩机电动机控制器
ACR4	空调制冷剂,回收、再生、重加注	BPCM	蓄电池组控制模块	CMP	凸轮轴位置
AD	自动断开	BPMV	制动压力调节阀	CNG	压缩天然气
A/D	模/数转换	BPP	制动踏板位置	CO	一氧化碳
ADL	自动门锁	BRN	棕色	CO2	二氧化碳
A/F	空/燃比	BTDC	上止点之前	Coax	同轴的
AH	启动处理	BTM	蓄电池加热模块	COMM	通信
AIR	二次空气喷射	BTSI	制动器变速器换挡互锁	Conn	连接器
ALC	自动高度控制,自动灯控制	Btu	英国热量单位	CPA	连接器位置固定装置
AM/FM	调幅/调频	BU	蓝色	CPP	离合器踏板位置
Ant	天线	**C**		CPS	中央电源
AP	加速踏板	℃	摄氏度	CPU	中央处理器
APCM	附件动力控制模块	CAC	增压空气冷却器	CRT	阴极射线管
API	美国石油研究会	CAFE	平均燃料经济性	CRTC	阴极射线管控制器
APP	加速踏板位置	Cal	校准	CS	充电系统
APT	可调节部分节气门	Cam	凸轮轴	CSFI	中央顺序燃油喷射
ASM	总成,油门和伺服控制模块	CARB	加利福尼亚空气资源委员会	CTP	节气门关闭位置
ASR	加速打滑调节	CC	滑行离合器	cu ft	立方英尺
A/T	自动变速器/变速器驱动机构	cm³	立方厘米	cu in	立方英寸
ATC	自动分动箱,自动温度控制	CCM	便捷充电模块,底盘控制模块	CV	等速（万向节）
ATDC	上止点后	CCDIC	气候控制驾驶员信息中心	CVRSS	连续可变道路传感悬架
ATSLC	自动变速器挡锁定控制	CCOT	可循环离合器节流孔管	Cyl	汽缸
Auto	自动	CCP	温度控制面板	**D**	
avg	平均	CD	光盘	DAB	延迟附件总线
A4WD	自动四轮驱动	CE	整流器端	dB	分贝
AWG	美国线规	CEAB	冷发动机排气	dBA	A级分贝
B		CEMF	反向电动势	DC	直流电,占空比
B+	蓄电池正极电压	CEX	驾驶室热交换器	DCM	车门控制模块
BARO	气压计（压力）	cfm	立方英尺/分钟	DE	驱动端

续表

缩略语	含义	缩略语	含义	缩略语	含义
DEC	数字电子控制器	ETCC	电子触摸式温度控制系统	Hi Alt	海拔高度
DERM	诊断能量储存模块	ETR	电子可调谐接收器	HO2S	加热氧传感器
DI	分电器点火	ETS	增强型牵引力控制系统	hp	马力
dia	直径	EVAP	蒸发排放	HPL	高压液
DIC	驾驶员信息中心	EVO	电子可调节节流孔	HPS	高性能系统
Diff	差速器	Exh	排气	HPV	高压蒸汽
DIM	仪表盘集成模块	**F**		HPVS	加热泵通风系统
DK	深色	°F	华氏度	Htd	加热
DLC	数据连接插头	FC	风扇控制	HTR	加热器
DMCM	驱动电动机控制模块	FDC	燃油数据中心	HUD	挡风玻璃映像显示
DMM	数字式万用表	FED	联邦（除加利福尼亚州外的所有州）	HVAC	暖风、通风与空调系统
DMSDS	驱动电动机速度和方向传感器			HVACM	暖风、通风与空调系统模块
		FEDS	燃油启用数据流	HVIL	高压互锁回路
DMU	驱动电动机单元	FEX	前交换器	HVM	加热器通风模块
DOHC	双顶置凸轮轴	FF	挠性燃油管	Hz	赫兹
DR, Drvr	驱动器,驾驶员	FFH	燃油加热器	**I**	
DRL	日间行车灯	FI	燃油喷射	IAC	怠速空气控制
DSCC	距离传感巡航控制	FMVSS	联邦机动车辆安全标准	IAT	进气温度
DTC	故障诊断码	FP	燃油泵	IC	集成电路,点火控制
E		ft	英尺	ICCS	整体底盘控制系统
EBCM	电子制动控制模块	FT	燃油调节	ICM	点火控制模块
EBTCM	电子制动和牵引力控制模块	F4WD	全天候四轮驱动	ID	识别代码,内径
EC	电气中心,发动机控制	4WAL	四轮防抱死	IDI	集成式直接点火
ECC	电子温度控制	4WD	四轮驱动	IGBT	绝缘门二极晶体管
ECI	怠速时压缩机功能扩展	FW	扁平导线	Ign,IGN	点火
ECL	发动机冷却液面	FWD	前轮驱动,向前	ILC	怠速负载补偿器
ECM	发动机控制模块,电子控制模块	**G**		IMS	内部模式开关
ECS	排放控制系统	g	克,重力加速度	in	英寸
ECT	发动机冷却液温度	GA	计量仪表	INJ	喷射
EEPROM	电子可擦可编程只读存储器	gal	加仑	inst	瞬时,立即
EEVIR	接收器中的蒸发器补偿值	gas	汽油	I/P	仪表板
EFE	燃油提早蒸发	GCW	总重（牵引车与挂车）	IPC	仪表组件
EGR	排气再循环	Gen	发电机	IPM	仪表板模块
EGR TVV	排气再循环加热真空阀	GL	齿轮润滑油	I/PEC	仪表板电气中心
EPS	电动力转向	GM	通用汽车	ISC	怠速速度控制
EI	电子点火	GM SPO	通用汽车售后零件供应中心	ISO	国际标准化组织
ELAP	已经过（时间）	gnd	接地	ISS	输入（主动）轴速度传感器
E/M	英制/公制	gpm	加仑/分钟		
EMF	电动势	GRN	绿色	ITCM	集成变速器控制模块
EMI	电磁干扰	GRY	灰色	**K**	
Eng	发动机	GVWR	车辆额定总重	KAM	保持活性内存
EOP	发动机机油压力	**H**		KDD	键盘显示驱动器
EOT	发动机机油温度	H	氢	kg	公斤
EPA	环保局	H2O	水	kHz	千赫兹
EPR	排气压力调节器	Harn	线束	km	公里
EPROM	可擦可编程只读存储器	HC	碳化氢	km/h	公里/小时
ESB	膨胀弹簧制动器	H/CMPR	高压	km/L	公里/升
ESC	电子悬架控制	HD	高效能	kPa	千帕
ESD	静电放电	HDC	高效能冷却	KS	爆燃传感器
ETC	电子节气门控制,电子温度控制,电子正时控制	hex	六边形,六角形	kV	千伏
		Hg	水银		

续表

缩略语	含义	缩略语	含义	缩略语	含义
L		NiMH	镍金属氢化物	POS	正极,位置
L	升	NLGI	国家润滑油标准研究会	POT	电位计（变阻器）
L4	四缸直列发动机	N·m	牛顿·米（转矩）	PPL	紫色
L6	六缸直列发动机	NO	常通	ppm	每百万分率
lb	磅	NOx	氧化氮	PROM	可编程只读存储器
lb·ft	磅·英尺（转矩）	NPTC	国家标准粗螺纹管	P/S,PS	动力转向系统
lb·in	磅·英寸（转矩）	NPTF	国家标准细螺纹管	PSCM	动力转向系统控制模块,乘客座椅控制模块
LCD	液晶显示	NOVRAM	非易失性随机存取存储器		
LDCL	左车门关闭锁定	**O**		PSD	电动滑动车门
LDCM	左车门控制模块	O2	氧气	PSP	动力转向系统压力
LDM	灯驱动器模块	O2S	氧气传感器	psi	磅/平方英寸
LED	发光二极管	OBD	车载诊断	psia	磅/平方英寸
LEV	低排放车辆	OBD II	第二代车载诊断	psig	磅/平方英寸压力表
LF	左前	OC	氧化转换器（催化剂）	pt	品脱
LH	左侧	OCS	随机充电站	PTC	正温度系数
lm	流明	OD	外径	PWM	脉冲宽度调制
LR	左后	ODM	输出驱动模块	**Q**	
LT	左侧,灯	ODO	里程表	QDM	四路驱动器模块
LTPI	低轮胎气压指示器	OE	原装设备	qt	夸脱
LTPWS	低轮胎气压报警系统	OEM	原装设备制造商	**R**	
LWB	长轴距	OHC	顶置凸轮轴	R-12	制冷剂-12
M		Ω	欧姆	R-134a	制冷剂-134a
MAF	空气流量	OL	开环,超限	RAM	随机存取存储器（非永久性存储装置,关闭电源后记忆的内容丢失）
Man	手动	ORC	氧化还原转换器（催化剂）		
MAP	进气歧管绝对压力	ORN	橙色		
MAT	歧管绝对温度	ORVR	车载加油蒸气回收	RAP	固定式附件电源
max	最大	OSS	输出轴转速,输出轴速度传感器	RAV	遥控启动检验
M/C	混合气控制	oz	盎司	RCDLR	遥控门锁接收器
MDP	歧管压差	**P**		RDCM	右车门控制模块
MFI	多点燃油喷射	PAG	聚亚烷基二醇	Ref	参照
mi	英里	PAIR	脉冲二次空气喷射	Rev	倒车
MIL	故障指示灯	PASS,PSGR	乘客	REX	后交换器
min	最小值			RIM	后集成模块
mL	毫升	PASS-Key	个性化汽车安全系统	RF	右前,收音机频率
mm	毫米			RFA	遥控功能启动
mpg	英里/加仑	P/B	动力制动器	RFI	收音机频率干扰
mph	英里/小时	PC	压力控制	RH	右侧
ms	毫秒	PCB	印刷电路板	RKE	遥控门锁
MST	进气歧管表面温度	PCM	动力系统控制模板	Rly	继电器
MSVA	磁力转向机构可变辅助（磁力转向）	PCS	压力控制电磁阀	ROM	只读存储器永久性存储装置,关闭电源后能够保持记忆的内容
		PCV	曲轴箱强制通风		
M/T	手动变速器/变速器驱动机构	PEB	电源电器舱		
		PID	参数识别	RPM	转/分（发动机转速）
MV	兆伏	PIM	功率逆变换器模块	RPO	常规选装件
mV	毫伏	PM	永磁（发电机）	RR	右后
N		P/N	零件号	RSS	道路传感悬架
NAES	北美出口销售部	PNK	粉红色	RTD	实时阻尼
NC	常闭	PNP	驻车/空挡位置	RTV	室温硬化（密封件）
NEG	负极	PRNDL	驻车、倒车、空挡、驱动、低挡	RWAL	后轮防抱死
Neu	空挡			RWD	后轮驱动
NI	空挡急速	POA	正向绝对压力阀		

缩略语	含义	缩略语	含义	缩略语	含义
S		TCM	变速箱控制模块	VCM	车辆控制模块
s	秒	TCS	牵引力控制系统	V dif	电压差
SAE	美国汽车工程师协会	TDC	上止点	VDOT	可变流量式节流孔管
SC	增压器	TEMP	温度	VDV	真空延迟阀
SCB	增压器旁路	Term	端子	vel	速度
SCM	座椅控制模块	TFP	变速器机液压力	VES	可变作用转向系统
SDM	传感和诊断模块	TFT	变速器机液温度	VF	真空荧光
SEO	专用设备选装件	THM	涡轮增压器液压传动	VIO	紫色
SFI	序列多点燃油喷射	TIM	轮胎气压监控,轮胎充气模块	VIN	车辆识别号
SI	国际系统 (公制系统现代版本)	TOC	变速器油冷却器	VLR	电压回路储备
		TP	节气门位置	VMV	真空调节阀
SIAB	侧碰撞气囊	TPA	端子正极固定装置	VR	调压器
SIR	辅助充气保护装置	TPM	轮胎气压监视,轮胎气压监视器	V ref	参考电压
SLA	短/长臂(悬架)	TR	变速器范围	VSES	车辆稳定性增强系统
sol	电磁阀	TRANS	变速器/变速器驱动机构	VSS	车速传感器
SO2	二氧化硫	TT	信号装置(警告灯)	**W**	
SP	星形连接器	TV	节气门	w/	带(含)/
SPO	售后零件供应中心	TVRS	电视和收音机抑制	W/B	轴距
SPS	维修编程系统,速度信号	TVV	热真空阀	WHL	车轮
sq ft ft^2	平方英尺	TWC	三元催化转换器	WHT	白色
sq in in^2	平方英寸	TWC+OC	三元催化转换器+氧化转换器 (催化剂)	w/o	不带(不含)/
SRC	维修行驶平顺性控制器			WOT	节气门全开
SRI	维修提示指示器	TXV	热膨胀阀	W/P	水泵
SRS	附加保护装置系统	**U**		W/S	挡风玻璃
SS	换挡电磁阀	UART	通用异步收发器	WSS	车轮转速传感器
ST	故障诊断仪	U/H	发动机舱盖下	WU-OC	升温预热氧化转换器 (催化剂)
S4WD	可选四轮驱动	U/HEC	发动机舱盖下电气中心		
Sw	开关	U-joint	万向节	WU-TWC	升温预热三元转换器 (催化剂)
SWPS	方向盘位置传感器	UTD	通用防盗装置		
T		UV	紫外线	**X**	
TAC	节气门执行器控制	**V**		X-valve	膨胀阀
Tach	转速表	V	伏特,电压	**Y**	
TAP	变速器适配压力, 节气门适配压力	V6	六缸V型发动机	yd	码
		V8	八缸V型发动机	YE	黄色
TBI	节气门体燃油喷射	Vac	真空	YEL	黄色
TC	涡轮增压器,变速器控制	VAC	车辆信息存取代码	—	—
TCC	变矩器离合器	VATS	车辆防盗系统		

第三节　北京现代汽车电路图的识读

一、北京现代汽车电路图符号

北京现代车系电路图内的符号说明如表3-15所示。

表3-15　电路符号说明

符号	说明	符号	说明	符号	说明
	表示部件全部	G06	表示为防波套，防波套要永久搭铁（主要用在发动机和变速器的传感器信号线上）	ON电源 喇叭保险丝10A 室内保险丝&继电器盒	ON电源—点火开关"ON"时的电源 —— 一短路片连接到每个保险丝 喇叭保险丝—编号 10A—电流容量
	表示部件一部分		蓄电池电源		加热器
	表示导线连接器在部件上		双丝灯泡		传感器
	表示导线连接器通过导线与部件连接		单丝灯泡		发光二极管—导通电流时发光
	表示导线连接器用螺钉固定在部件上		二极管—单向导通电流		稳压二极管—流过反方向规定以上电流
	表示部件外壳搭铁	B C NPN E / B C PNP E	三极管 开关或放大作用		扬声器
制动灯开关 图03	制动灯开关—部件名称 图03—部件位置图编号		开关（双触点）—表示开关沿虚线摆动，而细虚线表示开关之间的连动关系		喇叭、蜂鸣器、警笛、警铃
10 M05-2 公连接器 母连接器	M05-2—在部件位置索引上的连接器编号 10—对应端子编号		开关（单触点）		电磁阀
3 R Y/L E35 1 R Y/L	虚线表示2个导线同在E35导线连接器上		传感器		喷油嘴
B	表示下页继续连接	M	电动机		电容器
Y/R	表示黄色底/红色条导线（2个以上颜色的导线）		蓄电池		常开式继电器
从左侧页 A / A 到右侧页	表示这根导线连接在所显示页 箭头表示电流方向		表示多线路短接的导线连接器		内装二极管的继电器
R 电路名称	箭头表示导线连接到其他线路	常闭式继电器	表示线圈无电流时的继电器状态。如果线圈通电流，触点的连接发生转换		内装电阻的继电器
G 自动变速器 手动变速器 G G	表示根据不同配置选择线路（指示判别有关选择配置为基准的电路）	常时电源 易熔丝30A 发动机室保险丝&继电器盒	常时电源—电源 易熔丝—名称 30A—容量		
L L	一定数量线束连接以圆点表示，其位置和连接方式随车辆不同				
G06	表示导线末端在车辆金属部分搭铁				

二、北京现代汽车电路图的特点

北京现代汽车电路图简洁易读，电路图是按电气系统来划分的，但是在表示形式上与其他汽车电路有所不同。比如每个系统的电路后面都附有电路涉及的连接器配置图，配置图上有明确的引脚编号（如图3-21所示），另外，在电路图中标有控制单元的引脚描述，在导线连接器识别、导线颜色缩写、连接器形状和端子号排列等方面都有它独特的地方，下面一一介绍。

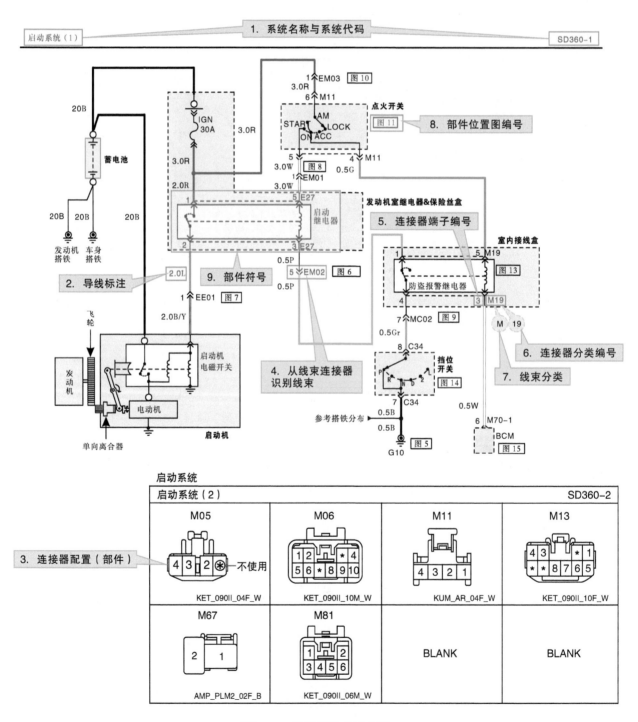

图3-21　悦动轿车启动电路

✳ 1. 系统名称与系统代码

北京现代汽车整车电路由很多个系统电路组成，每一个系统电路分多页放置，每一页的最顶部都有系统名称和系统代码，以示区别。

系统电路图包括电流的路径、各个开关的连接状态以及当前其他相关电路的功能，它适用于实际的维修工作中。系统电路依据部件编号并表示在电路图索引上。

✳ 2. 导线标注

汽车电气整车线束由主色或主色加辅助颜色条纹的导线组成。电路图中标注的是导线颜色的缩写字母，导线颜色的缩写字母及颜色如表3-16所示。

表3-16 导线颜色的缩写字母

缩写字母	颜色	色标	缩写字母	颜色	色标	缩写字母	颜色	色标
B	黑色		Lg	浅绿色		W	白色	
Br	棕色		T	褐色		Y	黄色	
G	绿色		O	橙色		Ll	浅蓝色	
Gr	灰色		P	粉色		Pp	紫色	
L	蓝色		R	红色		—	—	—

导线颜色字母前面的数字表示该导线的截面积，单位是mm²。对于双色导线，导线颜色字母通常用斜杠分开，斜杠前的字母表示导线的底色，斜杠后的字母表示条纹的颜色。例如：2.0B/Y，表示2.0mm²的黑色底黄条纹导线。

✳ 3. 连接器配置（部件）

在电路图的最后一页给出了系统各部分电路图组成部件的连接器图。在没有将部件连接到线束连接器时，它表明线束侧连到连接器前面。使用中的端子号依据一定的规则进行编号，不使用的端子标记为"*"，启动系统的连接器形状和代码说明如图3-22所示。

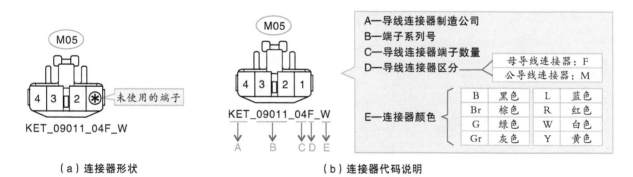

（a）连接器形状　　　　　（b）连接器代码说明

图3-22 连接器配置（部件）说明

✳ 4. 连接器配置（线束间的连接状态）

在线束间连接的连接器，有公导线连接器和母导线连接器两种（如图3-23所示）。一般来说，在部件和导线连接状态下的线束侧连接器为母导线接连器，而部件上的连接器一般为公导线连接器。公、母导线连接器在连接器形状图上也表示了出来，如图3-24所示。

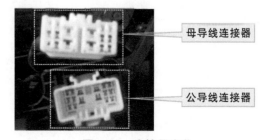

图3-23 连接器实物

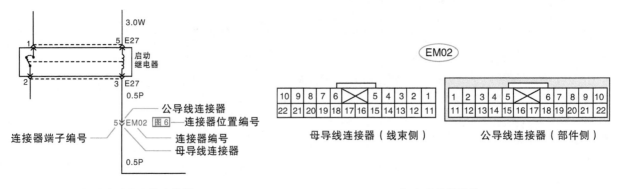

（a）电路图中的连接器　　　　　　（b）连接器形状

图3-24　线束间连接的连接器

✳ 5. 导线连接器端子编号与排列

公导线连接器和母导线连接器上的端子排列表示方式如下：母导线连接器从右上侧开始往左下侧顺序读号，公导线连接器从左上侧开始往右下侧顺序读号，如表3-17所示。当然，某些导线连接器端子不使用这种表示方法，具体情况请参照导线连接器形状图。

✳ 6. 连接器识别

连接器识别代号由线束位置识别代

表3-17　导线连接器端子编号与排列说明

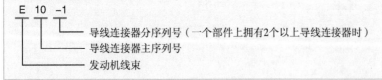

号和连接器序列号组成（如图3-25所示）。导线连接器位置参考线束布置图如图3-26所示。线束布置图说明了主要线束、导线连接器安装固定位置及主要线束的路线，这些线束布置图使电路检修更方便。

部件和线束间连接

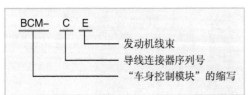

线束间的连接

与BCM模块的连接
BCM和各线束间的导线连接器用下列方法表示

与接线盒的连接
接线盒和各线束间的导线连接器用下列方法表示

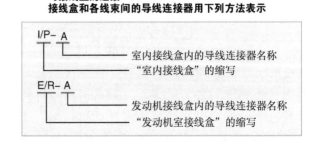

图3-25　连接器识别

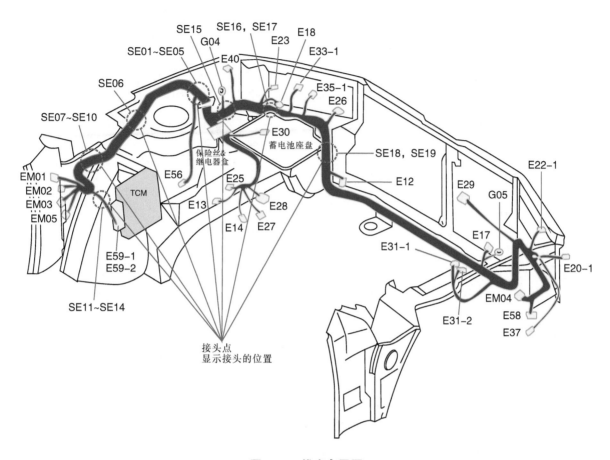

图3-26　线束布置图

✸ 7. 线束的分类

根据导线位置的不同，把线束分成表3-18所示的几类（以北京现代悦动为例）。

✸ 8. 部件位置图

为方便寻找部件，在电路图上用"图××"标示在部件名称的下面。为了方便区别连接器，采用如图3-27所示的部件位置图显示部件连接器安装到车上的状态。

表3-18　北京现代悦动线束的分类

符号	线束名称	位置
A	气囊、气囊延伸线束	底板、仪表板下
C	控制、喷油嘴、点火线圈、机油控制阀线束	发动机室、蓄电池
D	车门、车门延伸线束	车门
E	前线束、前端模块、蓄电池、前警告延伸、发电机延伸线束	发动机室、蓄电池
F	底板、EPB延伸线束	底板
M	主线束、底板控制台延伸线束	室内
R	行李厢盖、车顶、BWS延伸线束	车顶、行李厢
S	座椅线束	座椅

注：为了了解符号的含义，可参考线束布置图上的线束名称符号。

◀ 三、北京现代汽车电路图识读示例

下面以伊兰特为例作讲解，图3-28所示为北京现代伊兰特ABS（带TCS）电路图。

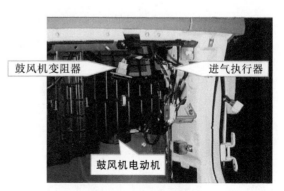

图3-27　部件位置图

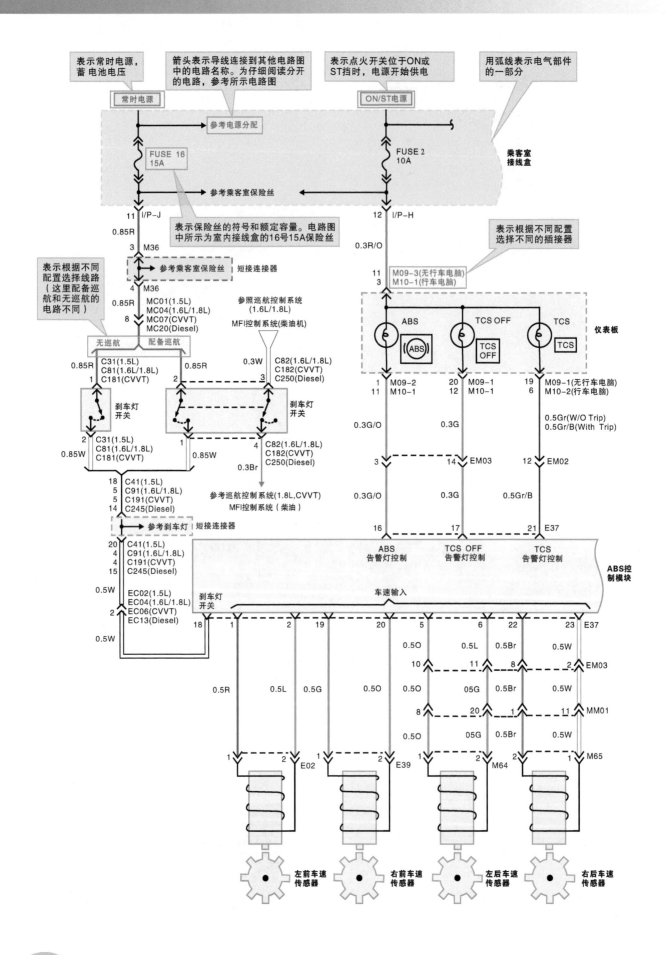

表示常时电源，蓄电池电压

箭头表示导线连接到其他电路图中的电路名称。为仔细阅读分开的电路，参考所示电路图

表示点火开关位于ON或ST挡时，电源开始供电

用弧线表示电气部件的一部分

常时电源

参考电源分配

FUSE 16
15A

参考乘客室保险丝

表示保险丝的符号和额定容量。电路图中所示为室内接线盒的16号15A保险丝

11 I/P-J

0.85R

3 M36

参考乘客室保险丝 短接连接器

表示根据不同配置选择线路（这里配备巡航和无巡航的电路不同）

4 M36

0.85R MC01(1.5L)
MC04(1.6L/1.8L)
8 MC07(CVVT)
MC20(Diesel)

参照巡航控制系统
(1.5L/1.8L)
MFI控制系统(柴油机)

无巡航 配备巡航

0.85R C31(1.5L)
C81(1.6L/1.8L)
1 C181(CVVT)

0.85R

0.3W C82(1.6L/1.8L)
C182(CVVT)
3 C250(Diesel)

刹车灯开关

2 C31(1.5L)
C81(1.6L/1.8L)
0.85W C181(CVVT)

刹车灯开关

1

0.85W

4 C82(1.6L/1.8L)
C182(CVVT)
C250(Diesel)

0.3Br

18 C41(1.5L)
5 C91(1.6L/1.8L)
5 C191(CVVT)
14 C245(Diesel)

参考巡航控制系统(1.8L,CVVT)
MFI控制系统（柴油）

参考刹车灯 短接连接器

20 C41(1.5L)
4 C91(1.6L/1.8L)
4 C191(CVVT)
15 C245(Diesel)

0.5W EC02(1.5L)
EC04(1.6L/1.8L)
2 EC06(CVVT)
EC13(Diesel)

0.5W

ON/ST电源

FUSE 2
10A

12 I/P-H

0.3R/O

表示根据不同配置选择不同的插接器

11 M09-3(无行车电脑)
3 M10-1(行车电脑)

ABS TCS OFF TCS

(ABS) TCS
OFF
TCS

仪表板

1 M09-2 20 M09-1 19 M09-1(无行车电脑)
11 M10-1 12 M10-1 6 M10-2(行车电脑)

0.3G/O 0.3G 0.5Gr(W/O Trip)
0.5Gr/B(With Trip)

3 14 EM03 12 EM02

0.3G/O 0.3G 0.5Gr/B

16 17 21 E37

ABS
告警灯控制

TCS OFF
告警灯控制

TCS
告警灯控制

ABS控制模块

刹车灯开关 车速输入

18 1 2 19 20 5 6 22 23 E37

0.5O 0.5L 0.5Br 0.5W

10 11 8 2 EM03

0.5R 0.5L 0.5G 0.5O 0.5O 05G 0.5Br 0.5W

8 20 1 11 MM01

0.5O 05G 0.5Br 0.5W

1 2 E02 1 2 E39 1 2 M64 1 2 M65

左前车速传感器 右前车速传感器 左后车速传感器 右后车速传感器

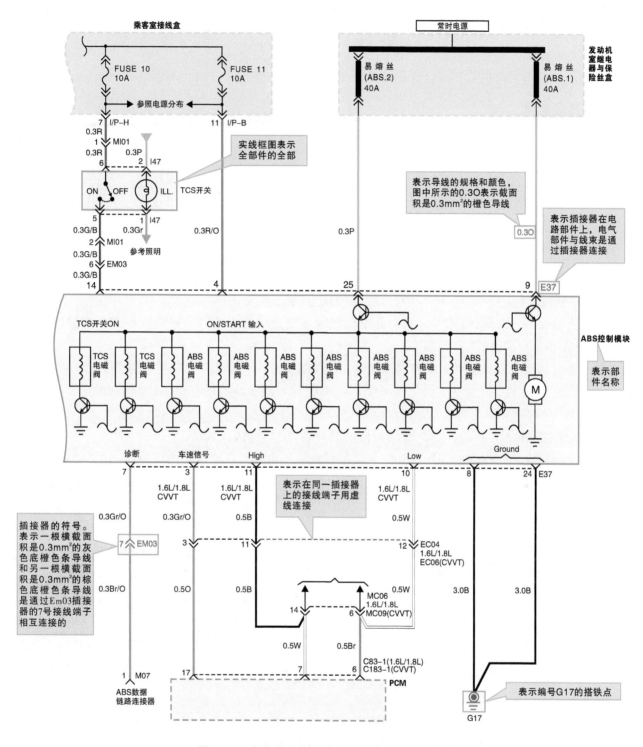

图3-28 北京现代伊兰特ABS（带TCS）电路图

✴ 1. 电路说明

北京现代伊兰特ABS（带TCS）系统具有ABS、TCS的功能。

ABS防抱死制动系统在急刹车或在危险路面刹车时控制4个车轮的制动液压，还能防止车轮抱死。ABS的优点：制动时保持转向操作能力；制动时保持方向稳定性；缩短制动距离，使汽车制动更为安全有效。

TCS牵引力控制系统也称为ASR或TRC。TCS和ABS相互配合使用，将进一步增强汽车的安全性能。TCS和ABS可共用车轴上的轮速传感器，并与行车电脑连接，不断监视各车轮转速，当在低速出现打滑时，TCS会立刻通知ABS动作来阻止此车轮的打滑。当在高速出现打滑时，TCS立即向行车电脑发出指令，指挥发动机降速或变速器降挡，使打滑车轮不再打滑，防止车辆失控甩尾。

✳ 2. 电路识读

ABS系统电路主要由电源电路、信号输入装置电路、带执行器的ABS控制模块以及告警灯等电路组成（如图3-29所示）。当ABS电控单元（ABS ECU）接收到车轮抱死信号时，它就会接通ABS液压泵和电磁阀来调节制动轮缸的液压。

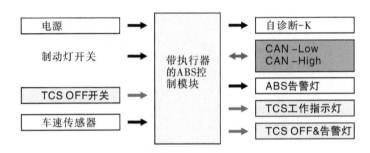

图3-29 北京现代伊兰特ABS（带TCS）电路框图

（1）电源电路

ABS控制模块的E37-4端、E37-9端、E37-25端为供电端。

当点火开关位于ON或ST挡时，蓄电池电压经乘客室接线盒内的11号保险丝→乘客室接线盒I/P-B的11端→ABS控制模块的E37-4端。

蓄电池电压经发动机室继电器与保险丝盒内40A的ABS.2号易熔丝→ABS控制模块的E37-25端。

蓄电池电压经发动机室继电器与保险丝盒内40A的ABS.1号易熔丝→ABS控制模块的E37-9端，此路供电电路为ABS液压泵供电。

ABS控制模块的E37-8端、E37-24端为接地端，通过G17搭铁点搭铁。

乘客室接线盒内的保险丝如图3-30所示，发动机室继电器与保险丝盒的保险丝如图3-31所示。

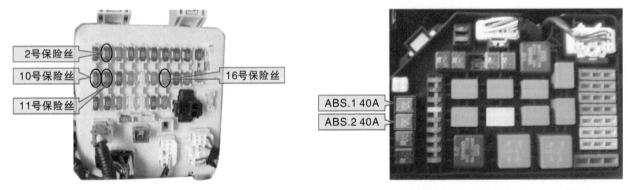

图3-30 乘客室接线盒内的保险丝　　　　图3-31 发动机室继电器与保险丝盒的保险丝

（2）信号输入装置电路

信号输入装置主要有车速传感器、刹车灯开关、TCS开关。

车速传感器电路：ABS控制模块的E37-1端、E37-2端通过E02插接器接左前车速传感器；ABS控制模块的E37-19端、E37-20端通过E39插接器接右前车速传感器；ABS控制模块的E37-5端、E37-6端通过EM03插接器、MM01插接器、M64插接器接左后车速传感器；ABS控制模块的E37-22端、E37-23端通过EM03插接器、MM01插接器、M65插接器接右后车速传感器。

刹车灯开关电路：ABS控制模块的E37-18端外接刹车灯开关。当驾驶员踩下制动踏板时，蓄电池正极电压→乘客室接线盒内的16号15A保险丝→乘客室接线盒I/P-J的11端→短接连接器的M36-3端→短接连接器的M36-4端→MC04-8端（注：由于车型的配置不同，故插接器的编号不同，本电路分析中以1.6L/1.8的车型为例）后分两种情况，一种是配备巡航的车型，经刹车灯开关的C82-2端→刹车灯开关的C82-1端→短接连接器的C91-5端；另一种是无巡航的车型，经刹车灯开关的C81-1端→刹车灯开关的C81-2端→短接连接器的C91-5端。经短接连接器的C91-5端的蓄电池电压→短接连接器的C91-4端→插接器EC04-2端→ABS控制模块的E37-18端。ABS控制模块接收到刹车信号，根据该信号来启动ABS系统工作。

TCS开关电路：ABS控制模块的E37-14端外接TCS开关。TCS开关有两个状态，即ON状态和OFF状态。按下TCS开关，TCS OFF指示灯亮为TCS OFF状态，TCS OFF指示灯熄灭为TCS ON状态。只有在TCS ON状态下，才进行TCS控制。当点火开关位于ON或ST挡且TCS开关位于TCS ON位置时，蓄电池电压→乘客室接线盒内的10号10A保险丝→乘客室接线盒I/P-H的7端→MI01插接器的1端→TCS开关I47-6端→TCS开关I47-5端→插接器MI01的2端→插接器EM03的6端→ABS控制模块的E37-14端。ABS控制模块接收到TCS开关信号，根据该信号来开启TCS系统工作。

（3）带执行器的ABS控制模块

油压控制模块和ABS ECU、ABS液压泵安装在一起组成ABS控制模块，电路图中只画出了ABS ECU来表示整个ABS控制模块，ABS控制模块如图3-32所示。

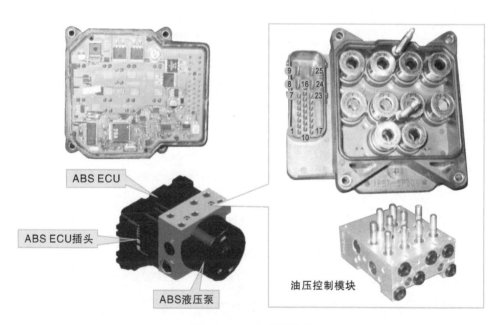

图3-32　ABS控制模块

（4）告警灯电路

告警灯主要有ABS告警灯、TCS OFF告警灯、TCS工作指示灯。

当点火开关位于ON或ST挡时，蓄电池电压经乘客室接线盒内的2号保险丝→乘客室接线盒I/P-H的12端→仪表板M10-1的3端（装备行车电脑的车辆）或M09-3的11端（无行车电脑的车辆）后分别供电给ABS告警灯、TCS OFF告警灯、TCS工作指示灯。

ABS告警灯：ABS控制模块的E37-16端为ABS告警灯控制端，当ECU插头脱落、系统故障或自诊断中时，ABS控制模块的E37-16端会输出搭铁信号，经插接器EM03-3端到仪表板M10-1的11端（装备行车电脑的车辆）或M09-2的1端（无行车电脑的车辆）。此时ABS告警灯点亮。

TCS OFF告警灯：ABS控制模块的E37-17端为TCS OFF告警灯控制端，当TCS开关在OFF位置时、TCS故障时或ECU插头脱落时，ABS控制模块的E37-17端会输出搭铁信号，经插接器EM03-14端到仪表板M10-1的12端（装备行车电脑的车辆）或M09-1的20端（无行车电脑的车辆）。此时TCS OFF告警灯点亮。

TCS工作指示灯：TCS工作指示灯通常处于熄灭状态，但当ECU插头脱落或TCS控制时，ABS控制模块的E37-21端会输出搭铁信号，经插接器EM02-12端到仪表板M10-1的6端（装备行车电脑的车辆）或M09-1的19端（无行车电脑的车辆）。此时TCS工作指示灯点亮。

（5）CAN总线

ABS控制模块的E37-10端为CAN-Low端，E37-11端为CAN-High，通过CNA-BUS总线，ABS控制单元与发动机ECU、自动变速器TCU进行通信。

四、北京现代汽车电路缩略语及其含义

北京现代汽车电路缩略语及含义如表3-19所示。

表3-19 北京现代汽车电路缩略语及含义

缩略语	含义	缩略语	含义	缩略语	含义
A		CTS	发动机冷却液温度传感器	HEAP	前照灯远近光自动变光开关
ABS	防抱死制动系统	**D**		HID	高亮度放电大灯
ABSCM	ABS控制模块	DLC	数据传递插接器	HO₂S	加热型氧传感器
A/C	空调	DOHC	顶置双凸轮轴	**I**	
ACC	空调离合器	DRL	白天行驶灯	IA	进气
ACL	空气滤清器	DTC	诊断故障代码	IAC	怠速空气控制
ACT	进气温度	DTM	诊断测试模式	IAT	进气温度传感器
A/D	模拟/数字	**E**		IC	集成电路
AFC	空气流量控制	ECC	空调控制面板	ICM	点火控制模块
AFS	空气流量传感器	ECM	发动机控制模块	ICS	电控防盗系统
ALT	交流发电机	ECT	发动机冷却液温度	ILL	照明灯
AMF	空气质量流量（空气流量计）	EFI	电控燃油喷射	IND	除霜开关
AMP	安培（电流）	EGR	废气再循环	INT	积分器
AMP	歧管绝对压力传感器	EGS	氧传感器	ISC	怠速控制
ANT	天线	EOBD	点火失效传感器	**K**	
APS	进气绝对压力传感器	EPS	电控动力转向	KS	爆燃传感器
A/T	自动变速器	ESAC	点火提前控制	**L**	
B		ESC	电子点火控制	LAT	进气温度
B+	蓄电池正极	ESR	失效安全继电器	LF	左前
BAT	蓄电池	EST	点火正时	LR	左-右
BARO	大气压力	ETACM	电子定时报警控制模块	**M**	
C		ETACS	信息和时间警报控制系统	MAF	空气流量传感器
CC	巡航控制	EVAP	蒸发排放污染	MAP	进气歧管压力传感器
CCV	曲轴箱通风	**F**		MAX	极大值
CCM	巡航控制模块	FC	风扇控制	MCU	微处理器电控单元
CKP	曲轴位置传感器	FP	燃油泵	MFI	多点燃油喷射
CMP	凸轮轴位置	**G**		MIL	故障指示灯
CO	一氧化碳	GEN	发电机	MIN	极小值
CPC	离合器压力控制	GND	搭铁	M/T	手动变速器
CPS	凸轮轴位置传感器	**H**		**N**	
CPU	中央处理器	HALL IC	车速传感器	N	空挡

续表

缩略语	含义	缩略语	含义	缩略语	含义
NPS	空挡开关	RPM	发动机转速	**V**	
O		RR	右后	VAF	空气体积流量
OFF	关闭	**S**		VCRM	继电器控制模块
ON	接通	START	启动开关	VIN	车辆识别代码
P		SVS	安全气囊	VPWR	电源电压
P	停车	SW	切断开关	VSS	车速传感器
PCM	动力控制模块	**T**		VVS	车速传感器
PGM	程控式控制燃油喷射	TCM	变速器控制模块	**W**	
R		TCS	牵引力控制系统	WOT	节气门全开
RL	左后	TP	节气门位置传感器	WS	动力转向压力开关
ROM	只读存储器	TPS	节气门位置传感器	—	—

第四节　日产汽车电路图的识读

一、日产汽车电路符号与特点

1. 电路符号说明

日产汽车电路符号及其说明如表3-20所示。

表3-20　日产汽车电路符号及说明

符号	说明	符号	说明	符号	说明
	单丝灯泡		电阻		开关（常开）
	双丝灯泡		线圈		
	保险丝		蓄电池		开关（常闭）
	熔断线		可变电阻		
	二极管		热敏电阻		接地
	发光二极管（LED）		舌簧开关		线路没有连接
	电动机		断电器		线路连接
	三极管		电容		电路支路

2. 特殊符号说明

日产汽车对表示测量或步骤的符号进行了说明，常见符号及说明如表3-21所示。

表3-21 常见符号及说明

符号	说明	符号	说明
	断开要测量的接头后检查	 NO TOOLS	不使用CONSULT或GST工具的步骤
	连接要测量的接头后检查	 A/C ON	A/C开关处于ON位置
	插入钥匙至点火开关		REC开关处于OFF位置
 OFF	将点火开关转至OFF位置		风扇开关处于ON位置（除OFF外的任意其他位置）
 ACC	将点火开关转至ACC位置		将选挡杆置于P挡
 ON	将点火开关转至ON位置	 FUSE	使用保险丝
 ST	将点火开关转至START位置	 FUSE BAT	用保险丝直接施加蓄电池正极电压到部件上
 ACC→OFF	将点火开关从ACC位置转至OFF位置		在地板下检查
 OFF→ON	将点火开关从OFF位置转至ON位置		驱动车辆
	启动发动机或在发动机运转时检查	 BAT	断开蓄电池负极电缆
	施加驻车制动		踩下制动踏板
 C —— H	发动机完全暖机后检查		踩下加速踏板
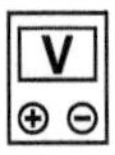 V	用电压表测量电压	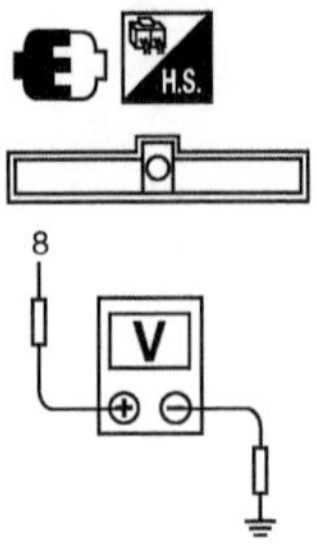 H.S.	检查引线末端是否为SMJ类型的ECM或TCM接头 有关端子不知的详细信息，请参看维修手册中的"电气单元"的电气参考项
 Ω Ω	应用欧姆表测量电路中的电阻值		
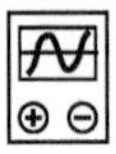	使用示波器检查脉冲信号		
	使用CONSULT的步骤		

3. 连接器说明

（1）连接器视图

日产车系电路图中大多数接头符号都表示为端口侧视图。

端口侧视图的接头符号用单线框和方向标记共同表示，线束侧视图的接头符号用双线框和方向标记共同表示，如图3-33所示。

（2）连接器的拆装

日产汽车常用的线束接头有三种，即锁扣式、滑锁式、杆锁式。下面分别介绍这三种线束接头的拆装方法。

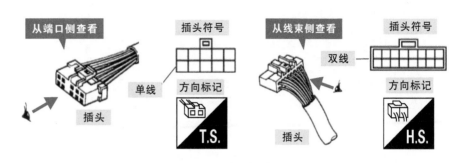

图3-33 插接器符号

锁扣式连接器：锁扣式接头可以防止接头意外松动或断开，通过按下或抬起锁片可断开锁扣式接头，如图3-34所示。

✏️ **注意**

> 断开接头时，不要拉扯线束或配线，以防零件损坏。

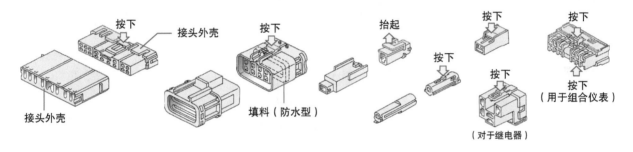

图3-34 锁扣式连接器的拆卸

滑锁式连接器：滑锁式接头可以防止锁止不完全、意外松动或断开。一些系统和部件（特别是与OBD相关）都采用了滑锁式接头。通过按下或拉出滑块可断开滑锁式接头，如图3-35所示。

✏️ **注意**

> 断开接头时，不要拉扯线束或配线，以防零件损坏；也不要损坏接头支架，以防零件损坏。

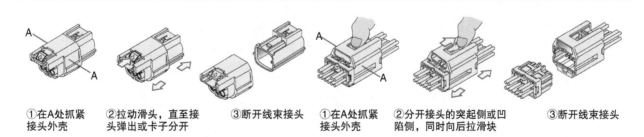

图3-35 滑锁式连接器的拆卸

杆锁式连接器：一些控制单元和控制模块上（例如ECM、ABS执行器）、超级多路连接器（SMJ）接头等，使用了杆锁式线束接头。连接时必须通过移动杆至止动位来确认杆完全锁定到位以确保连接完全，如图3-36所示。

✏️ **注意**

> 断开或连接这些接头前，务必确认杆已经完全释放（松开），以免损坏接头外壳或端子。

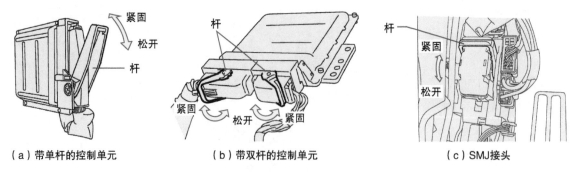

（a）带单杆的控制单元　　　　（b）带双杆的控制单元　　　　（c）SMJ接头

图3-36　杆锁式连接器的拆装

（3）插头和插座

在电路图中，阳端接头的导向头用黑色表示，阴端接头的导向头用白色表示，如图3-37所示。

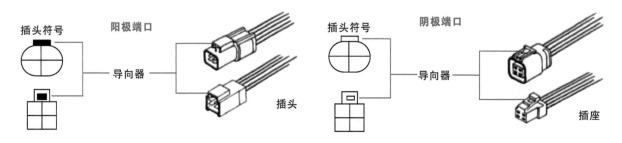

图3-37　插头和插座

（4）接头信息

日产车系对线束及接头进行了编号，如表3-22所示。并给出了接头的相关信息，接头的信息说明如图3-38所示。

表3-22　线束及接头编号

接头编号	线束
A	交流发电机线束
B	车身线束
C	底盘线束
D	车门线束
E	发动机舱线束
F	发动机控制线束
M	主线束
R	车内灯线束

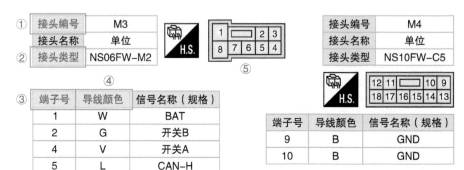

| ① | 接头编号 | M3 |
| ② | 接头类型 | NS06FW-M2 |

④

③

端子号	导线颜色	信号名称（规格）
1	W	BAT
2	G	开关B
4	V	开关A
5	L	CAN-H
6	P	CAB-L

接头编号	M4
接头名称	单位
接头类型	NS10FW-C5

⑤

端子号	导线颜色	信号名称（规格）
9	B	GND
10	B	GND

编号	项目	说明
①	接头编号	英文字母表示接头所在的线束 数字表示接头的识别编号
②	接头类型	表示接头编号。读取接头类型的方法： RS　04　F　G　-　GY 特殊类型 接头颜色 凸（M）和凹（F）端子 空腔 接头型号

编号	项目	说明
③	端子号码	表示一个接头的端子数
④	导线颜色	表示电线的颜色代码 B=黑色　W=白色　BR=棕色　OR或O=橙色 R=红色　G=绿色　P=粉色 L=蓝色　Y=黄色　PU或V（violet）=紫色 LG=浅绿色 BG或BE=米黄色　GY或GR=灰色 LA=淡紫色　SB=天蓝色　CH=深棕色　DG=深绿色 当线色为条纹状时，会先表示底色，然后才表示条纹的颜色，例如：L/W表示蓝底白条纹导线
⑤	接头	表示接头信息 以接头符号来说明

图3-38　接头的信息说明

✳4. 开关状态的表示方法

电路图中所示的开关位置是车辆处于"正常"状态下的情况，如图3-39所示。所谓的车辆"正常"状态是：

① 点火开关在OFF位置。

② 车门、发动机罩和行李厢盖/尾门都处于关闭状态。

③ 踏板没有被踩下。

④ 驻车制动器处于释放状态。

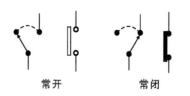

图3-39　开关状态的表示方法

✳5. 多路开关

多路开关的导通性一般用开关表或开关图两种方式表示，如图3-40所示为刮水器开关表示图。

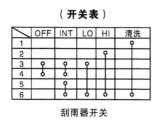

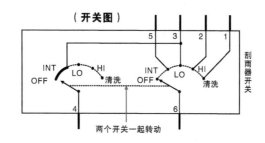

刮水器开关的导通情况

开关位置	导通电路
OFF	3-4
INT	3-4, 5-6
LO	3-6
HI	2-6
清洗	1-6

图3-40　刮水器开关表示图

二、日产汽车电路图识读说明与示例

✳1. 电路图识读说明

图3-41所示为日产汽车电路图识读说明，电路图中图形、符号和代号所表示的意义说明如表3-23所示。

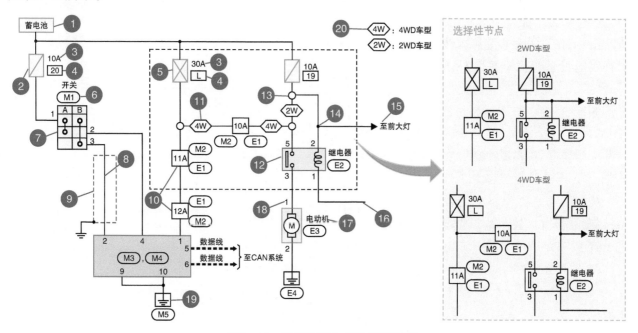

图3-41　日产汽车电路图识读说明

表3-23 图形、符号和代号所表示的意义说明

编号	项目	说明
1	电源	表示熔断线或保险丝的电源
2	保险丝	"/"表示保险丝
3	熔断线/保险丝的额定值	表示熔断线或保险丝的额定值
4	熔断线/保险丝的编号	表示熔断线或保险丝的位置编号
5	熔断线	"X"表示熔断线
6	接头编号	英文字母表示接头所在的线束 数字表示接头的识别编号
7	开关	表示在开关处于A位置时，端子1和2之间导通。当开关在B位置时，端子1和3之间导通
8	电路（配线）	表示配线
9	屏蔽线	以虚线包围的线路表示屏蔽线
10	接头	表示一条传输线旁通两个接头以上
11	选装缩写	表示将电路布局在"○"之间的车辆规格
12	继电器	表示继电器的内部结构
13	选择性分叉点	空心圈表示此分叉点为根据车型选配的
14	分叉点	有底纹的实心圆"●"表示接合
15	系统分支	表明电路分支到其他系统
16	跨页	电路延续至下一页
17	部件名称	表示部件的名称
18	端子号码	表示一个接头的端子数
19	接地（GND）	表示接地的连接
20	选配说明	表示本页所使用的选配缩写的说明

2. 电路图识读示例

图3-42所示为东风日产轩逸充电系统电路图，下面以该电路为例，讲解日产汽车电路图的识读方法。

充电电路：交流发电机的1端是电压输出端，在发动机正常运转时，向所有用电设备（启动机除外）供电，同时向蓄电池充电。充电路径为：交流发电机的1端→带熔断线的蓄电池端子F50内的140A熔断线A→蓄电池正极→蓄电池负极→A3搭铁点→交流发电机的2端，形成闭合回路。

充电告警灯电路：交流发电机的3端是充电告警灯控制端，当点火开关处于ON或START位置时，充电告警灯点亮（如图3-43所示）。电流通路为：经点火开关后的蓄电池电压→10A的5号保险丝→供电给组合仪表M38的28端→组合仪表内的充电指示

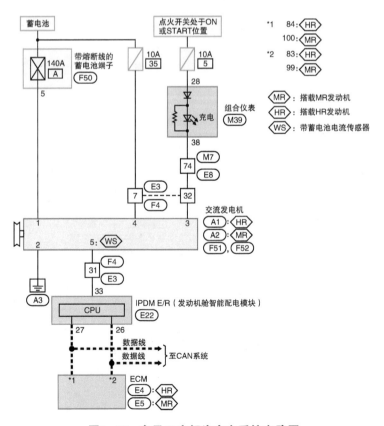

图3-42 东风日产轩逸充电系统电路图

灯→连接器M7（或E8）的74端→连接器E3（或F4）的32端→交流发电机的3端→交流发电机的2端→A3搭铁点→蓄电池负极。

当交流发电机在发动机运转的情况下能够提供足够的电压时，充电告警灯熄灭。如果在发动机运转时充电告警灯点亮，则表示出现故障。

电压检测电路：交流发电机的4端检测蓄电池电压以使用交流发电机内部的IC调压器调节交流发电机输出电压。交流发电机的4端经连接器E3（或F4）的7端→10A的35号保险丝→蓄电池正极。

图3-43　东风日产轩逸充电警告灯

对于装备蓄电池电流传感器的车辆，蓄电池负极端子的电缆上安装有蓄电池电流传感器，它检测蓄电池的充电/放电电流并根据电流值将电压信号发送给ECM。ECM根据蓄电池状态计算目标发电电压，并将计算值作为发电指令值信号通过数据线发送至IPDM E/R。IPDM E/R将收到的发电指令值转换为发电指令信号，然后将该信号发送至IC调压器。IPDM E/R的33端为信号发送端，交流发电机的5端为信号接收端。

三、日产汽车电路缩略语及其含义

日产汽车电路缩略语及含义如表3-24所示。

表3-24　日产汽车电路缩略语及含义

缩略语	含义	缩略语	含义	缩略语	含义
A		**D**		EP	排气压力
A/C	空调	D1	行驶挡第1挡	EPR	排气压力调节器
A/F sensor	空燃比传感器	D2	行驶挡第2挡	EPS	电子控制动力转向
A/T	自动变速驱动桥/变速箱	D3	行驶挡第3挡	ESP	电子稳定程序系统
ABS	防抱死制动系统	D4	行驶挡第4挡	EVAP	燃油蒸发排放炭罐
ACCS	高级自动空调系统	DCA	车距控制辅助	EVSE	电动车充电设备
ACL	空气滤清器	DDS	下坡缓降	EXC	排气控制
AP	加速踏板	DFI	直接燃油喷射系统	**F**	
APP	加速踏板位置	DLC	数据接口	FC	风扇控制
ATF	自动变速器液	DTC	诊断故障代码	FCW	正面碰撞警告
AV	音响视频	**E**		FIC	燃油喷射控制
AWD	全轮驱动	E/T	排气温度	FP	燃油泵
B		EBD	电气制动力分布	FR	前面
BARO	大气压力	EC	发动机控制	FRP	油轨压力
BCM	车身控制模块	ECL	发动机冷却液液位	FRT	油轨温度
BLSD	制动器防滑差速器	ECM	发动机控制模块	FTP	油箱压力
BPP	制动踏板位置	ECT	发动机冷却液温度	FTT	油箱温度
BSW	盲点警告	ECV	电动控制阀	**G**	
C		EEPROM	电子可擦除可编程只读存储器	GND	接地
CKP	曲轴位置			GPS	全球定位系统
CL	闭环	EFT	发动机燃油温度	GST	通用扫描工具
CMP	凸轮轴位置	EGR	排气循环	**H**	
CPP	离合器踏板位置	EGRT	排气循环温度	HBMC	液压车身运动控制系统
CTP	节气门关闭位置	EGT	排气温度	HDD	硬盘驱动器
CVT	无级变速驱动桥/变速器	EOP	发动机机油压力	HO2S	加热型氧传感器

缩略语	含义	缩略语	含义	缩略语	含义
HOC	加热型氧化催化器	**O**		TP	节气门位置
HPCM	混合动力传动控制模块	O2	氧气	TPMS	轮胎压力监测系统
I		O2S	氧传感器	TSS	涡轮轴转速
I/M	检查和保养	OBD	车载诊断	TWC	三元催化转换器
IA	进气	OC	氧化催化转换器	**U**	
IAC	急速空气控制	OD	超速传动	USS	上坡起步辅助
IAT	进气温度	OL	开环	**V**	
IBA	智能制动辅助	OSS	输出轴转速	VCM	车辆控制模块
IC	点火控制	**P**		VDC	车辆动态控制系统
ICC	智能巡航控制	P/S	动力转向	VIN	车辆识别码
ICM	点火控制模块	PBR	电位平衡电阻	VSS	车速传感器
IPDM E/R	发动机舱智能电源分配模块	PCV	曲轴箱强制通风	**W**	
		PNP	驻车/空挡位置	WOT	节气门全开
ISC	急速控制	PSP	动力转向压力	**1**	
ISS	输入轴转速	PTC	正温度系数	11	1挡中的第1挡
K		PTO	动力输出装置	12	1挡中的第2挡
KS	爆燃传感器	PWM	脉冲宽度调制	1GR	第1挡
L		**R**		**2**	
LBC	锂离子电池控制器	RAM	随机存储器	21	2挡中的第1挡
LCD	液晶显示屏	RAS	后主动转向	22	2挡中的第2挡
LCU	区域控制单元	右侧	右侧	2GR	第2挡
LDP	车道偏离预防	ROM	只读存储器	2WD	两轮驱动
LDW	车道偏离警告	RPM	发动机转速	**3**	
LED	发光二极管	RR	后	3GR	第3挡
左侧	左侧	**S**		**4**	
LIN	局域网	SAE	车辆工程师协会	4GR	第4挡
M		SCK	串行时钟	4WAS	四轮主动转向
M/T	手动变速驱动桥/变速器	SDS	维修数据和规格	4WD	四轮驱动
MAF	质量型空气流量	SRT	系统就绪检测	**5**	
MAP	歧管绝对压力	SST	专用维修工具	5GR	第5挡
MDU	多功能显示单元	**T**		**6**	
MI	故障指示灯	TC	涡轮增压器	6GR	第6挡
MIL	故障指示灯	TCM	变速器控制模块	**7**	
N		TCS	牵引力控制系统	7GR	第7挡
NOX	氮氧化物	TCU	通信单元	—	—

第五节　丰田汽车电路图的识读

一、丰田汽车电路符号

丰田汽车电路符号及含义如表3-25所示，表中列举了部分电气元件的实物，以供参考。

表3-25 丰田汽车电路符号说明

符号与实物	含义	符号与实物	含义
蓄电池	**蓄电池**：存储化学能量并将其转换成电能，为车辆的各种电路提供直流电	点火线圈	**点火线圈**：将低压直流电转换为高压点火电流，使火花塞产生火花
电容器	**电容器**：一个临时储存电压的小存储单元	电阻器	**电阻器**：有固定阻值的电气元件，安装在电路中以将电压降低到规定值
二极管	**二极管**：一个只允许电流单向流通的半导体	抽头式电阻器	**抽头式电阻器**：一种电阻器，可以提供两种或两种以上不同的不可调节的电阻值
稳压二极管	**稳压二极管**：允许电流单向流动，但只在不超过某一个特定电压时才阻挡反向流动的二极管。超过该特定电压时，稳压二极管可允许超过部分的电流通过。可作为简易稳压器使用	可变电阻器	**可变电阻器或变阻器**：一种可调电阻比的可控电阻器，也被称为电位计或变阻器
发光二极管	**发光二极管**：电流流过发光二极管时会发光，但发光时不会像同等规格的灯一样产生热量	单灯丝 双灯丝 前照灯	**前照灯**：电流使前照灯灯丝发热并发光，前照灯可以有单灯丝或者双灯丝
光敏二极管	**光敏二极管**：是一种根据光照强度控制电流的半导体	灯	**灯**：电流流过灯丝，使灯丝变热并发光
晶体管	**晶体管**：主要用作电子继电器的一种固态装置；根据在"基极"上施加的电压来阻止或允许电流通过	喇叭	**喇叭**：可以发出响亮音频信号的电子装置
适用中等电流的保险丝	**保险丝**：一条细金属丝，当通过过量电流时会熔断，可以阻断电流，防止电路受损	扬声器	**扬声器**：一种可利用电流产生声波的机电装置
适用于大电流保险丝或易熔线	**易熔丝**：这是位于大电流电路中的粗导线，如果电流过载其将会熔断，从而保护电路	点火开关	**点火开关**：使用钥匙操作且有多个位置的开关，可用来操作各种电路，特别是初级点火电路
断路器	**断路器**：通常指可重复使用的保险丝，有过大的电流经过时，断路器变热并断开；有些断路器在冷却后会自动复位，有些需要手动复位	1.常开 2.常闭 手动开关	**手动开关**：打开或闭合电路，从而可阻断1或允许2电流通过
1.常闭 2.常开 继电器	**继电器**：通常指一个可常闭（如1所示）或常开（如2所示）的电控操纵开关。电流通过一个小型线圈产生磁场打开或关闭继电器开关	双掷开关	**双掷开关**：使电流持续流过两组触点中任意一组的一种开关
双掷继电器	**双掷继电器**：使电流流过两组触点中任意一组触点的一种继电器	模拟表	**模拟表**：电流会使电磁线圈接通引起指针移动，在刻度上提供一个相应的指示
		FUEL 数字表	**数字表**：电流会激活一个或多个LED、LCD或者荧光显示屏，这些显示屏可提供相关显示或数字显示
电磁阀 喷油器	**电磁阀**：电流通过电磁线圈产生磁场以便移动铁芯等	电动机	**电动机**：把电能转换成机械能，特别是旋转运动的动力装置
		点烟器	**点烟器**：一个电阻加热元件

符号与实物	含义	符号与实物	含义
	刮水器停止开关：刮水器开关关闭时可自动将刮水器返回到停止位置的开关		**车速传感器**：使用电磁脉冲断开和闭合开关，以生成一个信号，用来激活其他部件
	分电器，IIA：将来自点火线圈的高压电分配到每个火花	1.未连接 2.接合	**线束**：线束在线路图上以直线表示 1.连接处没有黑点的交叉线束1为未接合连接 2.连接处标有黑点或正八角形"○"标记的交叉线束2为接合连接
	短接销：用来在接线盒内部建立不可断开的连接		
	传感器（热敏电阻）：阻值随温度变化而改变的电阻器		**搭铁**：线束与车身相接触的点，因此为电路提供一条回路，没有搭铁线路，电流就无法流动

二、丰田汽车电路图识读说明

丰田汽车电路图识读说明如图3-44所示。电路图中字母是注释符号，其各部分的含义如下。

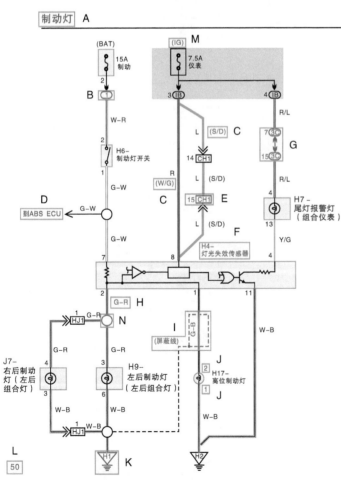

图3-44 丰田汽车电路图识读

注释标号"A"：表示系统标题，在电路图上方用刻线划分，区域内用文字和系统符号表示下方电路系统的名称。

注释标号"B"：表示继电器盒，不使用阴影仅用继电器编号来区别于接线盒，图3-44中所示的①表示1号继电器盒。

例：如图3-45所示的P/W继电器，椭圆中"2"表示接线盒号码，字母"G"表示连接器代码。

图3-46中②、⑨表示连接器的插销号。

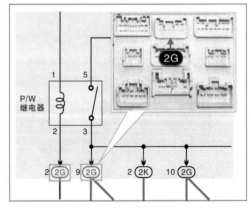

图3-45 接线盒号码和连接器代码

图3-47中 1 、 2 、 3 、 5 表示P/W继电器的插销号。

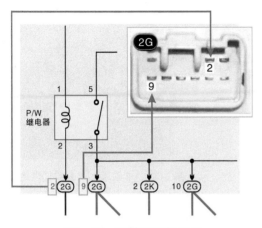

图3-46　连接器的插销号

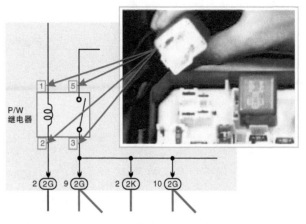

图3-47　继电器的插销号

在丰田汽车电路图中，接线盒也称为J/B，包括发动机室接线盒、仪表板接线盒及其他接线盒。接线盒内部电路图描述了接线盒各接插件针脚之间以及各接插件针脚与内部保险丝、继电器的电路连接关系，这些电路是没有导线连接的，但实际的接线是存在的，如图3-48所示。

注释标号"C"：当车型发动机型号或规定不一样时，用"（）"来表示不同的线和连接器。

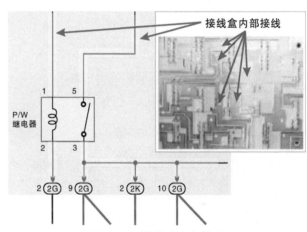

图3-48　接线盒内部线路

注释标号"D"：表示相关联的系统。

注释标号"E"：表示线束和线束连接器（如图3-49所示），使用公端子的导线束用箭头"∨"来表示，外侧的数字是引脚号码。

导线束和导线束连接器的第一个字母表示这部分的位置，例如"E"为发动机部分；"I"为仪表板及其相关部分；"B"为车身及相关部分。当多个代码的第一个和第二个字母相同时，后跟数字（例如CH1，CH2）表示相同类型的线束和线束连接器。

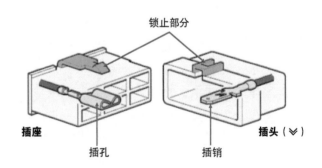

图3-49　线束连接器

注释标号"F"：代表一个零件代码，与零件位置使用的代码相同。

注释标号"G"：表示接线盒（圈中的数字是J/B接线盒的代码，旁边是连接器的符号），接线盒涂阴影以清楚地区别于其他零件。

例如：图3-50中3C表示它在3号接线盒；数字7和15表示两条配线分别在插接器7号和15号接线端子上。

注释标号"H"：表示线色，导线的颜色用字母符号表示。

常见字母及颜色如表3-26所示。

图3-50　接线盒

当用双色线时，第一个字母表示主色，第二个字母表示辅色。

例：图3-51中，L表示蓝色，Y表示黄色，丰田车上的各种导线如图3-52所示。

表3-26 丰田汽车导线的颜色

代号	线色	色标	代号	线色	色标
B	黑色		BR	棕色	
G	绿色		GR	灰色	
L	蓝色		LG	淡绿色	
O	橙色		P	粉红色	
R	红色		V	蓝紫色	
W	白色		Y	黄色	
SB	天蓝色		BE	米黄色	

例：L-Y

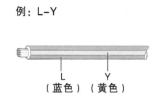

图3-51 导线的颜色

图3-52 丰田车上的各种颜色的导线

注释标号"I"：表示屏蔽线，如图3-53所示。

注释标号"J"：表示连接器引脚编号，插座和插头编号是不同的，编号顺序如图3-54所示。连接器引脚编号示例如图3-55所示。

图3-53 丰田汽车上的屏蔽线

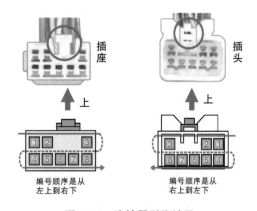

图3-54 连接器引脚编号

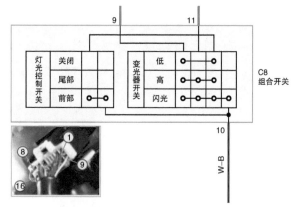

图3-55 组合开关连接器引脚编号

注释标号"K"：表示接地点。接地点把线路连接到车体或发动机上（如图3-56所示），表示接地点的字符由字母和数字两部分组成，字母表示线束；数字表示当有多个接地点同时存在一个线束中时，用数字以示区别。

注释标号"L"：表示在原厂电路图中的页码。

注释标号"M"：表示保险丝通电时的点火开关的位置。

注释标号"N"：表示配线接点，配线接点不通过连接器直接与线路相连，如图3-57所示。

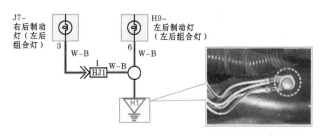

图3-56 接地点

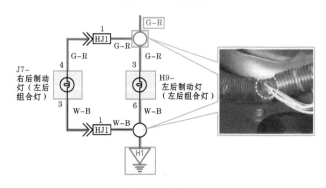

图3-57 配线接点

三、丰田汽车电路布线图识读说明

　　电路布线图主要表明电气元件在汽车上的位置，一般包括发动机舱、仪表板、车身、电动座椅等部位。另外，布线图还包括配线连接器、接地点和绞接点位置图。配线连接器用于连接各元件和配线之间的电路。接地点位置图主要用于经常检查电路接地点，清理接地点的锈蚀、油污以及拧牢紧固螺栓等，对于保证电路的正常工作是非常重要的。绞接点表示配线之间用绞接形式连接，它在电路图中用相交点"●"或正八角形"○"来表示。如图3-58所示为丰田凯美瑞仪表板电路布线图。

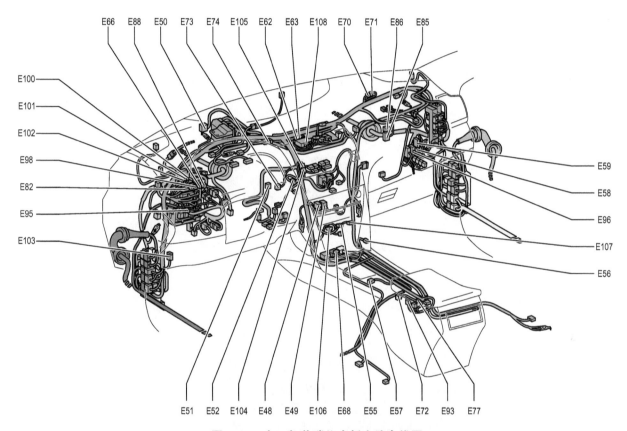

图3-58　丰田凯美瑞仪表板电路布线图

E48— 接线连接器；
E49— 接线连接器；
E50— 识别码盒；
E51— 转向锁止 ECU；
E52— 电源开关；
E55— 座椅加热器开关（控制台）；
E56— 电子钥匙振荡器（控制台）；
E57— 换挡锁止控制 ECU；
E58— 认证 ECU；
E59— 认证 ECU；
E62— 接线连接器；
E63— 接线连接器；
E66— ECO 开关；
E68— PTC 加热器；
E70— 短路连接器；
E71— 短路连接器；
E72— A/T 换挡杆照明；
E73— 刹车灯控制继电器总成；
E74— 接线连接器；

E77— A/T 换挡杆照明；
E82— 车外后视镜开关；
E85— 车外后视镜控制 ECU；
E86— 车外后视镜控制 ECU；
E88— 座椅存储器开关；
E93— 立体声插座适配器总成；
E95— AFS OFF 开关；
E96— 网关 ECU；
E98— 后声呐开关；
E100— 接线连接器；
E101— 接线连接器；
E102— 接线连接器；
E103— 接线连接器；
E104— 接线连接器；
E105— 接线连接器；
E106— 求救信号开关总成；
E107— 后遮阳帘开关；
E108— 接线连接器

四、丰田汽车继电器位置图识读说明

在丰田汽车电路图中，继电器以两种形式分布在汽车中：一种为多个继电器集中装在一个盒内，称为继电器盒（R/B），另一种以一个或两个继电器单独存在。

继电器位置图有总图也有分图。总图给出的是继电器盒或继电器组的位置（如图3-59所示为丰田凯美瑞HV混合动力车发动机室的继电器位置总图），而分图给出每个继电器在盒中的位置及继电器插脚的分布（如图3-60所示为丰田凯美瑞HV混合动力车发动机室3号继电器盒）。这些继电器包括发动机主继电器、启动机继电器、大灯清洗控制继电器、ABS继电器、风扇继电器、空调电磁离合器继电器、喇叭继电器等。

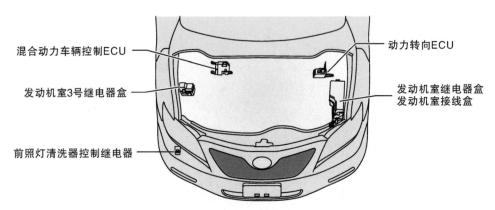

图3-59 丰田凯美瑞HV混合动力车发动机室继电器位置总图

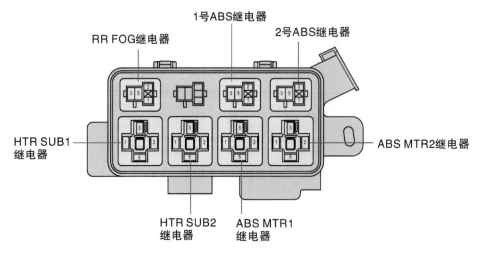

图3-60 丰田凯美瑞HV混合动力车发动机室3号继电器盒

五、丰田汽车电路图识读示例

下面以丰田卡罗拉雨刮器及洗涤器电路（如图3-61所示）为例予以说明。

当点火开关位于IG时，经点火开关后的蓄电池电压通过挡风玻璃刮水器开关控制洗涤器电动机及前雨刮器电动机的动作。组合开关HI为高速挡，LO为低速挡，INT为间歇挡，OFF为关闭挡，MIST为喷洗挡。

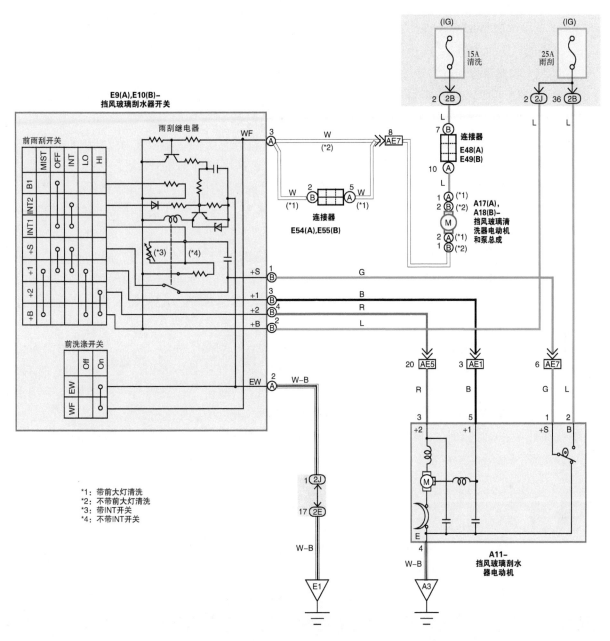

图3-61　前刮水器和清洗器

当挡风玻璃刮水器开关打在HI挡时：前雨刮开关的+B端子和+2端子导通，经点火开关后的蓄电池电压→25A雨刮熔丝→挡风玻璃刮水器开关B2端子→前雨刮开关→挡风玻璃刮水器开关B4端子→挡风玻璃刮水器电动机3号端子→刮水器电动机→挡风玻璃刮水器电动机4号端子→A3搭铁→蓄电池负极。此时雨刮电动机高速运转。

当挡风玻璃刮水器开关打在LO挡时：前雨刮开关的+B端了和+1端子导通，经点火开关后的蓄电池电压→25A雨刮熔丝→挡风玻璃刮水器开关B2端子→前雨刮开关→挡风玻璃刮水器开关B3端子→挡风玻璃刮水器电动机5号端子→刮水器电动机→挡风玻璃刮水器电动机4号端子→A3搭铁→蓄电池负极。此时雨刮电动机低速运转。

当挡风玻璃刮水器开关打在INT挡时：前雨刮开关的+S端子和+1端子导通，INT1端子和INT2端子导通，雨刮继电器内部线圈得电，其常开触点闭合，常闭触点断开，蓄电池电压→25A雨刮熔丝→

挡风玻璃刮水器开关B2端子→雨刮继电器常开触点→前雨刮开关+S→前雨刮开关+1→挡风玻璃刮水器开关B3端子→挡风玻璃刮水器电动机5端子→刮水器电动机→挡风玻璃刮水器电动机4端子→A3搭铁→蓄电池负极。此时雨刮电动机低速运转。几秒钟后，雨刮继电器线圈失电，其常开触点断开，常闭触点闭合，雨刮电动机停止运行，等待下一个循环的开始。

当雨刮电动机未停在停止位置时，电动机凸轮盘开关动作，挡风玻璃刮水器电动机2号端子与1号端子导通，此时，蓄电池电压→25A雨刮熔丝→挡风玻璃刮水器2号端子→电动机内部凸轮盘开关→挡风玻璃刮水器1号端子→挡风玻璃刮水器开关B1端子→雨刮继电器常闭触点→前雨刮开关+S→前雨刮开关+1→挡风玻璃刮水器开关B3端子→挡风玻璃刮水器电动机5号端子→刮水器电动机→挡风玻璃刮水器电动机4号端子→A3搭铁→蓄电池负极。此时雨刮电动机低速运转到停止位置后，电动机凸轮盘开关动作，前雨刮电动机2号端子与1号端子断开，电动机停止。等待间隙启动下一个循环的开始。

当挡风玻璃刮水器开关打在MIST挡时：前雨刮开关的+B端子和+1端子导通，经点火开关后的蓄电池电压→25A雨刮熔丝→挡风玻璃刮水器开关B2端子→挡风玻璃刮水器开关→挡风玻璃刮水器B3端子→挡风玻璃刮水器5号端子→刮水器电动机→挡风玻璃刮水器4号端子→A3搭铁→蓄电池负极。此时雨刮电动机低速运转。

当前洗涤开关在ON挡时，挡风玻璃刮水器开关的A3端子与A2端子导通，经点火开关后的蓄电池电压→15A清洗熔丝后→连接器E48（A）或E49（B）的B7端→连接器E48（A）或E49（B）的A10端→挡风玻璃清洗器电动机和泵总成→挡风玻璃刮水器开关的A3端子→前洗涤开关→挡风玻璃刮水器开关的A2端子→E1搭铁→蓄电池负极。此时洗涤电动机得电运转。

当前洗涤开关在OFF挡时，挡风玻璃刮水器开关的A3端子与A2端子断开，洗涤电动机停止运转。

当挡风玻璃刮水器开关打在OFF挡时：OFF挡为关闭挡，前雨刮电动机不运转。

六、丰田汽车电路缩略语及其含义

丰田汽车电路缩略语及含义如表3-27所示。

表3-27　丰田汽车电路缩略语及含义

缩略语	含义	缩略语	含义	缩略语	含义
A		EFI	电子燃油喷射	**R**	
A/C	空调	EPS	电动机动力转向	R/B	继电器盒
A/T	自动传动桥	ESA	电子点火提前	RH	右侧
ABS	防抱死制动系统	**F**		**S**	
C		FL	熔断丝	SRS	辅助约束系统
CAN	控制器区域网络	**H**		**T**	
CPU	中央处理器	HID	高强度放电	TRC	牵引力控制系统
D		**I**		**V**	
DLC3	数据链路连接器3	IC	集成电路	VSC	车辆稳定性控制
E		**J**		VSV	真空开关阀
EBD	电子制动力分配	J/B	接线盒	VVT	可变气门正时
ECM	发动机控制模块	**L**		**W**	
ECT	电子控制变速器	LED	发光二极管	w/	带
ECU	电子控制单元	LH	左侧	w/o	不带

注：零部件中的名称为端子名称（端子代码），不能被当作缩写。

第六节　本田汽车电路图的识读

一、本田汽车电路图符号

✹ 1. 汽车电路符号说明

本田汽车电路符号如表3-28所示，表中列举了部分电气元件的实物，以供参考。

表3-28　本田汽车电路符号说明

名称	符号及实物	名称	符号及实物	名称	符号及实物
蓄电池	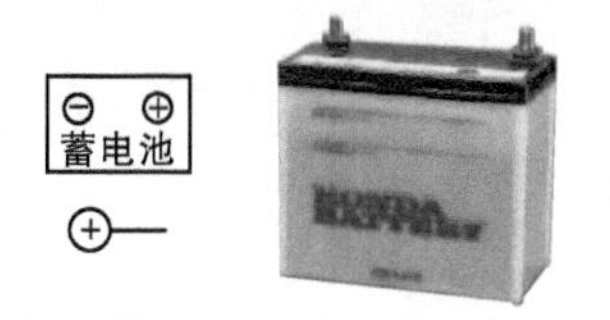	热敏电阻器	 冷却液温度传感器	连接器	
搭铁点	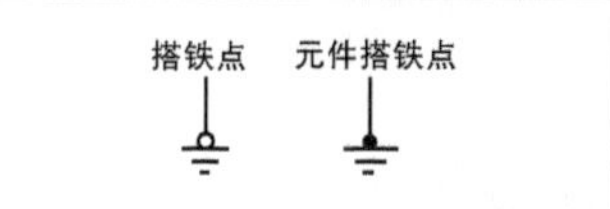 搭铁点　元件搭铁点	点火装置开关	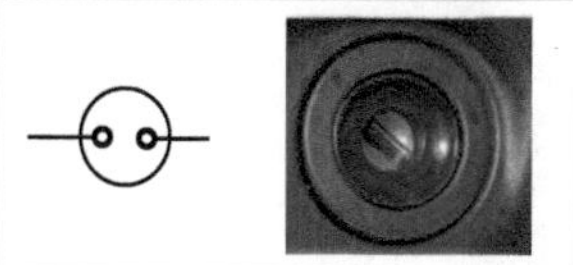	喇叭	
电容器		灯泡		二极管	
熔丝	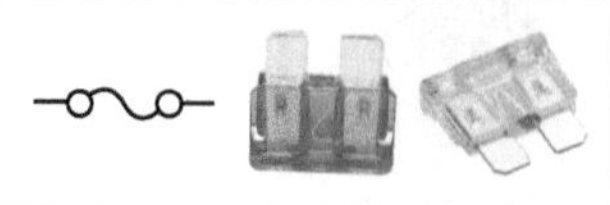	暖气	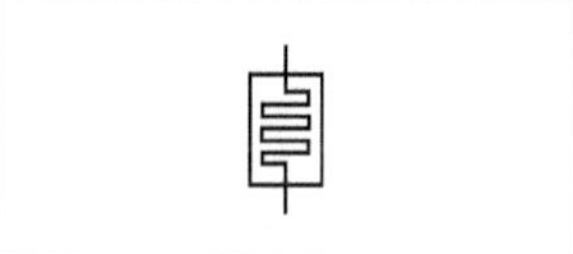	扬声器	
线圈，螺线管	 喷油器	弹簧开关		天线（杆状天线）	
点烟器				天线（窗式天线）	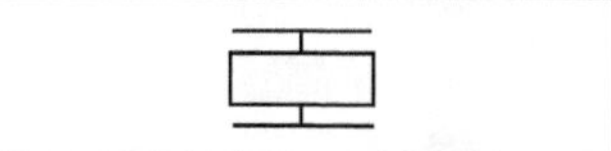
发光二极管		电动机		晶体管（VT）	
电阻		油泵		继电器	
可变电阻	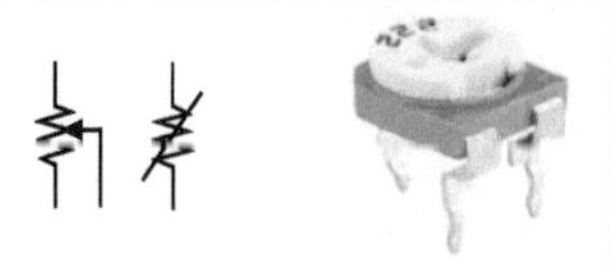	断路器		开关	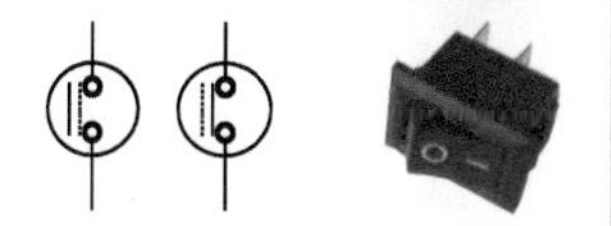

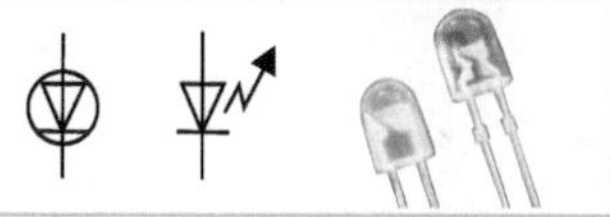

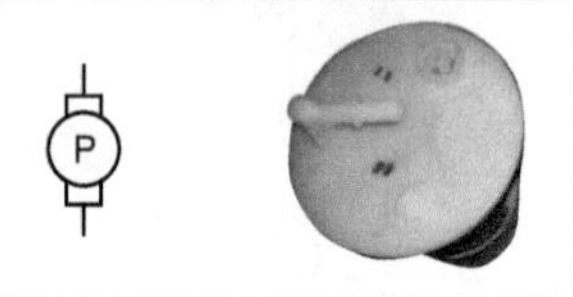

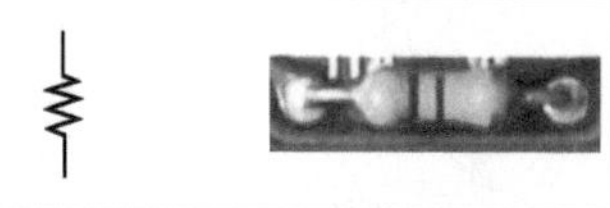

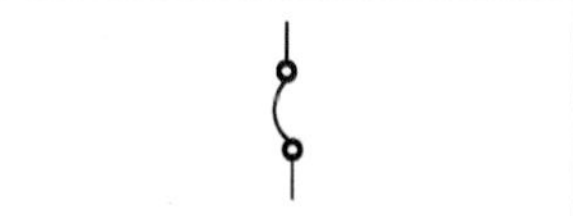

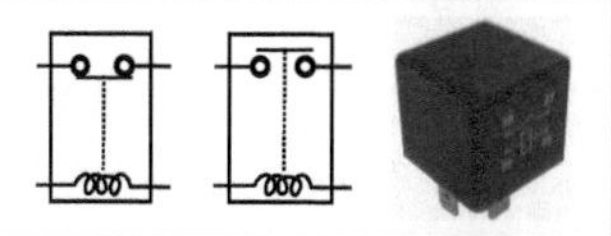

✹ 2. 导线颜色代码

本田轿车每条导线上都标有颜色，分单色线和双色线，以英文缩写来表示。导线颜色说明如表3-29所示。

表3-29　本田汽车导线颜色说明

缩写	颜色	色标	缩写	颜色	色标
WHT	白色		BRN	棕色	
YEL	黄色		GRY	灰色	
BLK	黑色		PUR	紫色	
BLU	蓝色		LT BLU	浅蓝色	
GRN	绿色		LT GRN	浅绿色	
RED	红色		PNK	粉红色	
ORN	橙色		—	—	—

有的导线绝缘层只有一种颜色，有的导线绝缘层则在一种颜色的基础上加上另一种颜色的条纹。第二种颜色即为条纹颜色，如图3-62所示。

本田汽车的电路图导线并没有标出导线的截面积，只是根据和导线相连的熔丝的通电电流的大小来判断导线的截面积大小。

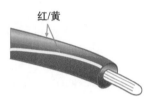

图3-62　导线颜色识别

二、本田汽车电路图识读说明与识读示例

1. 电路图识读说明

图3-63所示为本田汽车电路图识读说明，图中指示出常见图形、符号和代号所表示的意义。

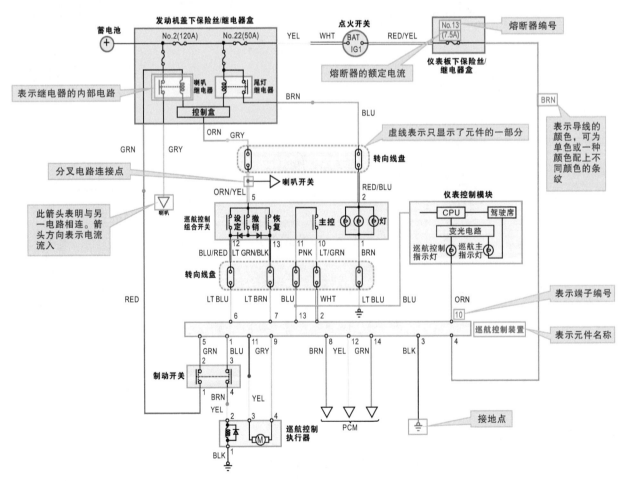

图3-63　本田汽车电路图识读说明

✳ 2. 本田汽车电路图识读示例

以东风本田CR-V空调系统电路图为例（如图3-64所示），讲解本田汽车电路图的识读方法。

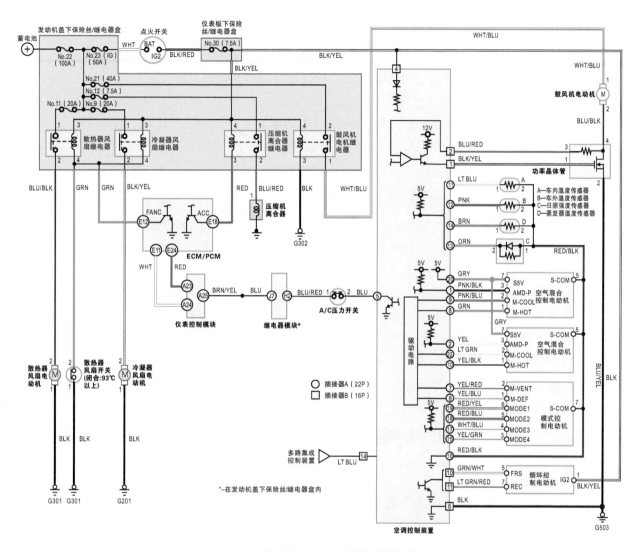

图3-64 东风本田CR-V空调系统电路图

（1）散热器风扇电路

控制电路：蓄电池正极→发动机盖下保险丝/继电器盒中保险丝22（100A）→保险丝23（50A）→点火开关IG2挡→仪表板下保险丝/继电器盒中保险丝30（7.5A）→散热器风扇继电器端子3→散热器风扇继电器端子4后分两条支路，一条经散热器风扇开关→G301接地，另一条到ECM/PCM控制模块的E12脚。

主电路：蓄电池正极→发动机盖下保险丝/继电器盒中保险丝22（100A）→保险丝11（20A）→散热器风扇继电器端子1→散热器风扇继电器端子2→散热器风扇电动机→G301接地。

当将点火开关转到IG2挡时，按下空调开关，A/C压力开关闭合，散热器风扇继电器线圈通电，触点吸合，接通了散热器风扇电动机电路。同样，当散热器温度达到93℃以上时，散热器风扇开关会闭合，此时，即使没有按下空调开关，散热器风扇电动机电路也会接通。

（2）空调冷凝器电路

控制电路：蓄电池正极→发动机盖下保险丝/继电器盒中保险丝22（100A）→保险丝23（50A）→点火开关IG2挡→仪表板下保险丝/继电器盒中保险丝30（7.5A）→冷凝器风扇继电器端子3→冷凝器风扇端子4后分两条支路，一条经散热器风扇开关→G301接地，另一条到ECM/PCM控制模块的E12脚。

主电路：蓄电池正极→发动机盖下保险丝/继电器盒中保险丝22（100A）→保险丝9（20A）→冷凝器风扇继电器端子1→冷凝器风扇继电器端子2→冷凝器风扇电动机→G201接地。

当将点火开关转到IG2挡时，按下空调开关，A/C压力开关闭合，冷凝器风扇继电器线圈通电，触点吸合，接通了冷凝器风扇电动机电路。另外当散热器温度达到93℃以上时，散热器风扇开关会闭合，此时，即使没有按下空调开关，冷凝器风扇电动机电路也会接通。

（3）压缩机电磁离合器电路

控制电路：蓄电池正极→发动机盖下保险丝/继电器盒中保险丝22（100A）→保险丝23（50A）→点火开关IG2挡→仪表板下保险丝/继电器盒中保险丝30（7.5A）→压缩机离合器继电器线圈4→压缩机离合器继电器线圈3→ECM/PCM的E18。

主电路：蓄电池正极→发动机盖下保险丝/继电器盒中保险丝22（100A）→保险丝12（7.5A）→压缩机继电器触点→压缩机离合器。

当将空调开关转到ACC挡时，ECM/PCM将压缩机离合器继电器线圈接通，继电器触点闭合，空调压缩机开始工作。空调管路压力过高时，A/C压力开关断开，切断压缩机离合器继电器线圈回路，从而断开压缩机电磁离合器主电路。

（4）鼓风机电路

控制电路：蓄电池正极→发动机盖下熔丝/继电器盒中保险丝22（100A）→保险丝23（50A）→点火开关IG2挡→仪表板下保险丝/继电器盒中保险丝30（7.5A）→鼓风机继电器线圈4→鼓风机继电器线圈3→G302接地。

主电路：蓄电池正极→发动机盖下保险丝/继电器盒中保险丝22（100A）→保险丝21（40A）→鼓风机继电器触点→鼓风电动机→功率晶体管4脚→功率晶体管2脚→G503接地。鼓风电动机的转速受功率晶体管的控制。

三、本田汽车电路缩略语及其含义

本田汽车电路缩略语及含义如表3-30所示。

表3-30 本田汽车电路缩略语及含义

缩略语	含义	缩略语	含义	缩略语	含义
A		ANT	天线	AUX	辅助的、附件
ABS	防抱死制动系统	API	美国石油学会	**B**	
A/C	空调、空调机	APP	加速踏板位置	BARO	大气压力
ACEA	欧洲汽车制造商协会	APPROX.	大约	BAT	蓄电池
ACL	空气滤清器	ASSY	总成	BCM	蓄电池状态监视器
A/F	空燃比	A/T	自动变速器	BDC	下止点
AHB	先进液压助力器	ATDC	上止点后	BTDC	上止点前
ALR	自动锁止卷收器	ATF	自动变速器油	**C**	
ALT	交流发电机	ATT	附件	CARB	化油器
AMP	安培	AUTO	自动	CAT或CATA	催化转换器

续表

缩略语	含义	缩略语	含义	缩略语	含义
CD	光盘	**H**		MBS	主轴制动系统
CHG	充电	H/B	掀背式	MCK	电动机检查
CKF	曲轴转速波动	HBA	液压制动辅助	MCM	电动机控制单元
CKP	曲轴位置	HC	碳氢化合物	MCU	力矩控制单元
CLV	计算出的负载值	HDS	本田诊断系统	MICS	多路集成控制系统
CMBS	碰撞减轻制动系统	HFT	免提电话	MICU	多路集成控制单元
CMP	凸轮轴位置	HID	高强度放电	MIL	故障指示灯
CO	一氧化碳	HIM	本田接口单元	MIN.	最小值
COMP	完成，完全	HO2S	热氧传感器	MPI	多点燃油喷射
CPB	离合器压力支持	HPS	液压动力转向	M/S	手动转向
CPC	离合器压力控制	HVAC	取暖、通风和空调系统	M/T	手动变速器
CPU	中央处理器单元	**I**		MTF	手动变速器用油
CVT	无级变速器	IAB	进气旁通	**N**	
CVTF	无级变速器油液	IAC	急速空气控制	NO$_x$	氮氧化物
CYL	汽缸、油缸	IACV	急速空气控制阀	**O**	
CYP	汽缸位置	IAR	进气谐振器	OBD	车载电脑诊断
D		IAT	进气温度	OD 或 O.D.	外径
DI	分电器点火	ICM	点火控制单元	OPDS	乘客位置检测系统
DIFF	差速器	ID	识别	O2S	氧传感器
DLC	数据连接器	ID 或 I.D.	内径	**P**	
DOHC	双顶置凸轮轴	i-DSI	智能型双火花塞顺序	PAIR	脉冲二次空气喷射
DOT	交通部		点火系统	PCM	动力系统控制单元
DPF	柴油机微粒滤清器	IG 或 IGN	点火	PCV	曲轴箱强制通风装置
DPI	双点燃油喷射	IMA	急速混合气浓度调节		比例控制阀
DPSF	双泵系统用油		集成式发动机助力系统	PDU	动力传动单元
DTC	故障诊断代码	IMMOBI.	发动机防盗锁止系统	PGM-FI	程控燃油喷射
E		IMRC	进气歧管路控制系统	PGM-IG	程控点火
EBD	电子制动力分配	IMT	进气歧管调节	PH	高压
ECM	发动机控制单元	IN	进气	PL	指示灯或低压
ECT	发动机冷却液温度	INJ	喷射	PMR	泵电机继电器
EGR	废气再循环	INT	间歇，间断	P/N	零件号
EGT	废气温度	IQA	喷油量调整（柴油机车型）	PRI	首要的
ELD	电气负载检测器	ISV	进气调节阀	P/S	动力转向
EPR	蒸发器压力调节器	**K**		PSF	动力转向液
EPS	电动动力转向	KS	爆燃传感器	PSP	动力转向压力
ETCS	电子节气门控制系统	**L**		PSW	压力开关
EVAP	燃油蒸发排放	L	左侧	**Q**	
EX	排气	L/C	锁止离合器	Qty	数量
F		LCD	液晶显示屏	**R**	
F	前部	LED	发光二极管	R	右边
FIA	燃油喷射气	LEV	低排放量车辆	REF	基准，参考
FL	左前方	LF	左前方	RH	右向
FP	燃油泵	LH	左向	RHD	右驾驶车型
FR	右前部	LHD	左驾驶车型	RL	左后方
FRP	燃油分配管压力	LR	左后方	RON	研究法辛烷值
FSR	失效保护继电器	LSD	防滑差速器	RR	右后方
FWD	前轮驱动	L4	直列式四缸（发动机）	**S**	
G		**M**		SAE	汽车工程师学会
GAL	加仑	MAF	质量型空气流量	SCS	维修检查信号
GND	搭铁	MAP	歧管绝对压力	SEC	秒，第二
GPS	全球定位系统	MAX.	最大值		

缩略语	含义	缩略语	含义	缩略语	含义
SOHC	单顶置凸轮轴	TWC	三元催化转换器	5MT	五挡手动换挡变速器
SOL	电磁线圈		**V**	6MT	六挡手动换挡变速器
SPEC	规格	VC	黏液耦合器	P	驻车挡
S/R	天窗	VIN	车辆识别号	R	倒挡
SRS	气囊	VSA	车辆稳定性辅助系统	N	空挡
STD	标准	VSS	车速传感器	D4	前进挡（一挡到四挡）
SW	开关	VTEC	可变气门正时和气门升程电子控制	D3	前进挡（一挡到三挡）
	T	VVIS	可变容量进气系统	D	前进挡
T	扭矩	V6	V型6缸（发动机）	M	手动模式
TB	节气门体		**W**	S	第二
T/B	正时皮带	W	有	L	低速挡
TC	变矩器	W/O	没有	O/D	超速挡
TCM	变速器控制单元	WOT	节气门全开	1ST	低速（挡）
TCS	牵引力控制系统		**其他**	2ND	第二（挡）
TDC	上止点	2WD	两轮驱动	3RD	第三（挡）
TFT	薄膜晶体管	4WD	四轮驱动	4TH	第四（挡）
T/N	工具号码	4AT	四挡自动变速器	5TH	第五（挡）
TP	节气门位置	5AT	五挡自动变速器	6TH	第六（挡）

第七节　奔驰汽车电路图的识读

奔驰汽车在电路图符号标注、文字标注、导线颜色的规定上与通常的电路图有较大的差别。

一、奔驰汽车电路图符号

✳1. 奔驰汽车电路符号

奔驰汽车电路符号及实物对照见表3-31。

表3-31　奔驰汽车电路符号及实物对照

名称	符号与实物	名称	符号与实物	名称	符号与实物
电阻		二极管		灯泡	
可变电阻		发光二极管		爆震传感器	
熔丝				氧传感器	
电容	电解电容　瓷片电容　贴片电容	电子器件		电磁阀	喷油器　节温器

续表

名称	符号与实物	名称	符号与实物	名称	符号与实物
电磁线圈		常开触点	或	直流电动机	(M)
点火线圈		常闭触点	或		
火花塞		指示仪表		继电器	油泵继电器
温度传感器	进气温度传感器 冷却液温度传感器	喇叭		加热器加热电阻	
压力传感器	Sig. 进气压力传感器	蓄电池		电位计	
手动开关		发电机		平插头	
手动按键开关	危险报警按钮 ESP关闭按钮	霍尔式传感器	凸轮轴霍尔传感器	圆插头	
自动开关		启动机		螺钉连接	
压簧自动开关				焊接点	
				插接板	

※2. 奔驰汽车电路图各信号说明

奔驰汽车电路图各信号说明如表3-32所示。

表3-32 奔驰车系电路图各信号说明

信号	说明	信号	说明
15R	转换正极,位于点火位置1、2和3	55R	右侧雾灯
30	蓄电池正极电压	56a	远光灯
30g	转换正极,受保险丝保护	56b	近光灯
30z	电路30的1级输入	58	示廓灯、尾灯、牌照灯和仪表照明灯
31	蓄电池负极或接地的直接回馈线路	58d	可变仪表和开关照明
5V	5V供电电源	58L	左侧侧灯
49L	左侧转向信号灯	87	电路87输入
49R	右侧转向信号灯	87M	87发动机电控系统
50	启动机控制（直接）	（+）	蓄电池正极
54	制动灯	GND或（-）	接地
55L	左侧雾灯	D	换挡杆位置D的功能

✹3. 奔驰汽车电路图导线颜色的标识

为便于识别和检修汽车电气设备，奔驰汽车电路中的低压导线通常由不同的颜色组成（如图3-65所示），并在电路图上用导线颜色的字母代号标注出。

图3-65 不同颜色的导线

✹4. 导线的颜色符号

在奔驰汽车电路图中，导线颜色符号大多采用两位大写的英文缩略语，导线颜色代码含义如表3-33所示。

表3-33 奔驰汽车导线颜色代码含义

英文简写	颜色	色标	英文简写	颜色	色标	英文简写	颜色	色标
BK	黑色	■	GN	绿色	■	WS	白色	□
BN	棕色	■	BU	蓝色	■	PK	粉红色	■
RD	红色	■	VT	紫色	■	TR	透明色	□
YL	黄色	□	GY	灰色	■	—	—	—

除单色线外，奔驰汽车还采用了双色线，在电路图中，用VT YL、RD WS、BK YL、BN GN等形式表示。

导线的标识不仅仅只有线色，还有线粗（即导线的截面积）。奔驰汽车电路图中，导线的标称截面积写在线色符号之前，如0.75 BN表示截面积为0.75mm^{2}的棕色导线，0.35 GY BU表示截面积为0.35mm^{2}的灰底蓝色导线。

✹5. 电气符号及标注

代码前部是字母，表示电器种类，如：A为仪表，B为传感器，C为电容，E为灯，F为熔断器盒，G为蓄电池、发电机，H为喇叭、扬声器，K为继电器，L为转速、速度传感器，M为电动机，N为电控单元，R为电阻、火花塞，S为开关，T为点火线圈，W为搭铁点，X为插接器，Y为电磁阀，Z为连接套。代码后部数字代表编号，一般电气代码之下注明电器名称。插接器用字母X表示，搭铁点用字母W表示。

◣ 二、奔驰汽车电路特点及识读说明

在奔驰原厂资料中，电路图采用横、纵坐标来确定电器在电路图中的位置，其中数字作横坐标、字母作纵坐标。电气符号及位置在电路图的前面以文字的方式给出，如图3-66所示。

文件编号：PE46.35-P-2101-97FAA ← 表示电路图的编号
文件标题：电动动力转向控制单元的电路图 ← 表示电路图的名称

代码	元件名称	位置
A91/1	电动液压动力转向系	5A
CAN E	底盘控制器区域网络（CAN）	11K
F32	前部备用电子保险丝的保险丝盒	4L
F99/04	电动液压动力转向保险丝	2L
G1	车载电网蓄电池	3L
N10/1	带保险丝和继电器模块的前SAM/SRB控制单元	8L
N10/1f36	保险丝36	7L
U240	适用于除了ECO启动/停止功能外的所有型号	4G
U250	适用于电子动力转向	4G
U412	适用于电动液压动力转向	1A
W52	右前纵梁接地	4E
X30/30	车辆底板底盘控制器区域网络（CAN）电位分配器电气插接器	11L
X35/6	仪表板和模块盒电气插接器	7G

电气符号及位置说明。其中代码用字母及数字表示电器的种类和编号。位置用数字和字母表示电器的横坐标和纵坐标。如代码为"X30/30"的"车辆底板底盘控制器区域网络（CAN）电位分配器电气插接器"，位置是"11L"，表明元件X30/30在横坐标11和纵坐标L的位置

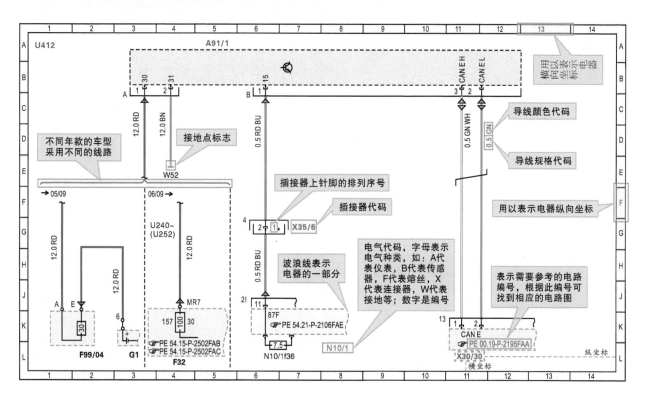

图3-66　奔驰汽车电路图识读说明

三、奔驰汽车电路图识读示例

下面以奔驰C级轿车燃油泵控制单元的电路图（如图3-67所示）为例，讲解奔驰电路图的识读方法。

为方便读者识读电路图，根据位置说明，把电气代码及元件名称直接标注到对应的电气元件旁，并去掉横纵坐标。修改后的电路图如图3-68所示。

代码	元件名称	位置
B4/1	左侧燃油液位指示传感器	5L
B4/2	右侧燃油液位指示传感器	8L
B4/7	燃油压力传感器	22L
CAN C	驱动装置控制器区域网络（CAN）	19K
M3	燃油泵	10L
N10/1	带保险丝和继电器模块的前SAM/SRB控制单元	16L
N10/1f34	保险丝34	15L
N10/1f4	保险丝4	13L
N10/2	带保险丝和继电器模块的后SAM/SRB控制单元	3L
N10/2f42	保险丝42	2L
N118	燃油泵控制单元	4A
N118	燃油泵控制单元	12A
U75	适用于汽油发动机	20A
U880	适用于柴油发动机642	20C
U948	适用于柴油发动机651	22C
W76	燃油泵接地点	22D
X26	车内和发动机线束电气插接器	3E
X30/21	驱动系控制器区域网络（CAN）电气插接器	24H
X35/6	仪表板和模块盒电气插接器	19L
X36/3	燃油泵线束电气插接器	24E
X36/3	燃油泵线束电气插接器	4H
Z209/2	电位分配器电气插接器	7H
	油泵控制单元结点	6L

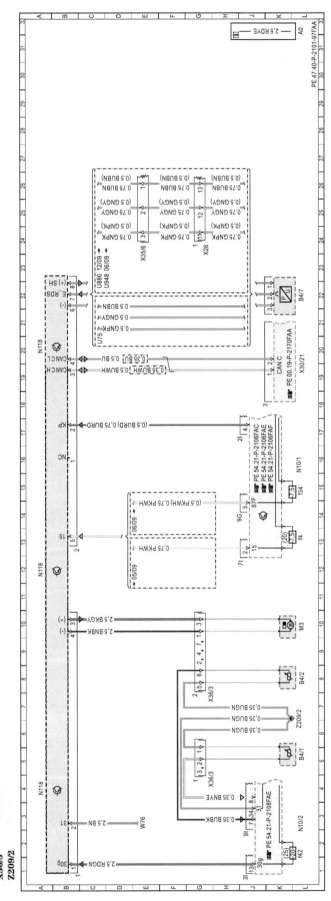

图3-67 燃油泵控制单元的电路图

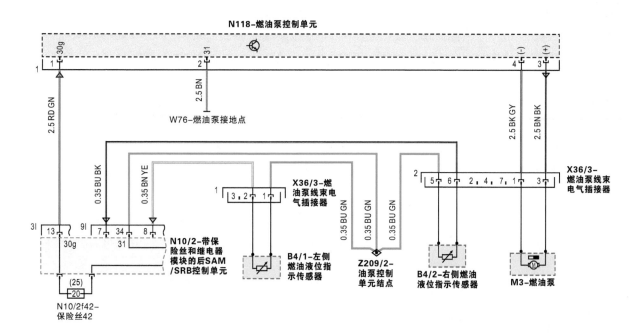

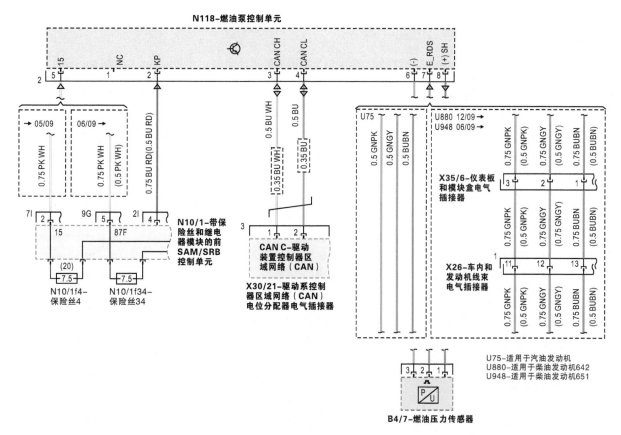

图3-68　燃油泵控制单元的电路图（修改后）

　　电路分析：燃油泵（M3）由燃油泵控制单元N118控制和调节。燃油泵集成在右侧油箱室底部的供油模块中。

　　如果N118接收到"燃油泵打开"信号，则会打开燃油泵。该信号由发动机电子设备（ME）控制单元N3/10通过传动系统CAN（CAN C）发送。其中，N118的2-3端为CAN C高信号端，N118的2-4端为CAN C低信号端。

N118收来自N3/10的"燃油需求"CAN信号后通过脉冲宽度调制（PWM）信号来调节燃油泵。其中，N118的1-3端为输出信号端正极，接燃油泵线束电气插接器X36/3的3端；N118的1-4端为输出信号端负极，接燃油泵线束电气插接器X36/3的1端。

当前燃油压力由燃油泵控制单元通过燃油压力传感器B4/7进行检测。其中，B4/7的1端为传感器供电端，接N118的2-8端；B4/7的2端为燃油压力信号输出端，接N118的2-7端；B4/7的3端为传感器接地端，接N118的2-6端。当前燃油压力信息还由燃油泵控制单元发送至发动机电子设备（ME）控制单元，燃油泵控制单元根据当前燃油压力和燃油需求的规范值，相应地控制燃油泵。

左油箱室和右油箱室中各安装了一个燃油液位传感器。来自两个燃油液位传感器的电压信号被分别发送至带保险丝和继电器模块的后SAM/SRB控制单元N10/2，该控制单元对信号进行相应处理，然后通过车内CAN（CAN B）将其发送至仪表盘。

四、奔驰汽车电路缩略语及其含义

奔驰汽车电路缩略语及含义如表3-34所示。

表3-34　奔驰汽车电路缩略语及含义

缩略语	含义	缩略语	含义	缩略语	含义
A		CKP	曲轴位置	ETC	电子自动变速器控制
A/C	空调（自动）	CL	中央门锁	ETR	紧急拉伸回缩器
AB	气囊	CLUS	仪表组	EVAP	蒸发排放控制系统
ABS	防抱死制动系统	CMP	凸轮轴位置	**F**	
ADM	后视镜内自动变光	CST	汽车篷式活顶	FAN	喇叭
ADS	自适应阻尼系统	CTEL	蜂窝式电话	FFS	车架底板系统
AIR	二次空气喷射	CTP	节气门关闭位置（怠速）	FP	燃油泵
AP	油门踏板	**D**		**G**	
AS	天线系统	DAS	行车认可系统	GIM	脉动式调节器
ASD	自动锁止差速器	DI	分电器点火系统	**H**	
ASR	加速防滑调节	DM	诊断电脑	HCS	前照灯清洗系统
AT	自动变速器	DTC	故障诊断码	HFM-SFI	HFM顺序多点燃油喷射/点火系统
ATA	防盗报警系统	**E**			
B		EA	电子加速器	HFS	免提系统
BA	辅助倒车装置	ECL	发动机冷却液液位	HHT	手持式测试仪
BARO	充气压力补偿	ECT	发动机冷却液温度	HORN	喇叭信号系统
BDC	下死点	EDC	柴油机电子控制	HS	加热座椅
BM	基本电脑	EDR	柴油机电子调节	**I**	
BPC	大气压力补偿	EDS	柴油机电子系统	IAT	进气温度
C		EGR	废气再循环	IC	仪表组
CA	辅助关闭装置	EIFI	直列式电子燃油喷射	IDC	隔板内的控制器
CAN	控制器区域网络	EMSC	电动镜、转向柱调节器、加热镜	INFO	信息中心
CC	定速控制			IR	红外线
CDC	CD转换器	ESA	电动调节座椅	IRCL	红外线遥控中央门锁
CF	便利的装置	ESC	电动调节转向柱	ISC	怠速控制
CFI	连续燃油喷射系统（电子式）	ESCM	发动机系统电脑	**K**	
CKA	曲柄角	ESP	电子稳定性程序	KS	爆燃传感器

续表

缩略语	含义	缩略语	含义	缩略语	含义
KSS	爆燃传感器系统	PNP	驻车/空挡位置		T
	L	PS	动力转向	TB	节气门体
LH-SFI	LH顺序多点燃油喷射系统	PSE	气动系统设备	TC	涡轮增压器
LS	扬声器系统	PTS	停车防撞系统（电眼）	TCM	变速器电脑
	M		R	TD	速度信号（时间段）（EZL）
MAF	空气流量	RB	防滚杆	TDC	上死点
MAP	歧管绝对压力	RCL	中央遥控门锁	TIC	晶体管点火控制
ME-SFI	ME-顺序多点燃油喷射/点或系统	RD	无线电	TN	速度信号（EZL/AKP）
		REST	发动机余热利用	TPC	轮胎压力控制
MIL	故障指示灯	RHR	伸缩式背部头枕	TRAP	TRAP氧化剂
MT	手动变速器	RHS	加热的后座	TS	牵引传感器
MVA	歧管真空辅助装置	RPM	每分钟转数（发动机速度）	TVV	邮箱排气阀
	O	RST	跑车活顶	TWC	三元催化转换器
O2S	氧传感器	RTG	伸缩式车尾行李厢盖手柄		V
OBD	车上诊断		S	VAF	空气流量
OC	氧化催化转换器	SBE	座椅安全带加长器	VSS	车辆速度信号
OSB	矫正座椅靠背	SLO	启动机关闭		W
	P	SMS	维护微型记录系统	WOT	全开节气门（满载荷）
PL	电动门锁	SPS	速变感应式动力转向		其他
PMP	进气歧管局部预热	SRS	辅助限制系统	4MATIC	自动控制4轮驱动

第八节 宝马汽车电路图的识读

宝马汽车电气系统的设计与其他厂家有着相同的规律，但其电路图符号标注、文字标注、导线颜色的规定上与其他厂家略有不同，因此，在阅读电路图前，需要了解宝马汽车电路图的特点及电气符号的表示方法。

一、宝马汽车电路图符号

1. 宝马汽车电路符号及实物对照

宝马汽车电路符号及实物对照如表3-35所示。

表3-35 宝马汽车电路符号及实物对照

名称	符号与实物	名称	符号与实物	名称	符号与实物
保险丝		可变电阻		二极管	
电阻		电容	电解电容 瓷片电容 贴片电容	发光二极管	

续表

名称	符号与实物	名称	符号与实物	名称	符号与实物
灯泡		偏心轴位置传感器		表示部件的一部分	
电子控制器		继电器	30 86 / 87 85	表示部件外壳搭铁	
半导体		带保护电阻的继电器	30 86 / 87a 87 85	表示导线连接器在部件上	
爆燃传感器		电动机	M 刮水器电动机	表示导线连接器用螺钉固定在部件上	
氧传感器		启动机	M	开关	1 2 危险报警按钮 中控锁按钮
电磁阀	喷油器 VANOS进气电磁阀			多挡开关	1 2 1 2 刮水器开关 （虚线表示开关之间的联动关系）
点火线圈		发电机	31	括号	自动变速器 手动变速器 括号表示了车上可供选择项目在线路上的区分 2.5 BK YL 2.5BK
火花塞		蓄电池	+	导线规格、导线颜色、插头号码与接地号码	SFFA ① 0.35 ② GR/SW ③ ④ 4 X256 ⑤ X172 ⑥ ①：信号 ②：导线截面积（单位为mm²） ③：线路颜色 ④：线脚号码 ⑤：插头参考号码 ⑥：地线参考号码
发动机温度传感器					
进气温度压差传感器		喇叭			
霍尔式传感器	凸轮轴传感器	线圈		同一插接器	3 4 X270 同一插接器标注，用虚线表示"3"、"4"插脚均属于X270连接插头
机油压力开关		表示部件全部			

2. 宝马汽车电气代码说明

宝马汽车电气代码由字母和数字两部分组成。代码前部分是字母，表示电器种类；代码后部是数字，表示编号；一般电气代码下面注明电器名称。宝马汽车电气代码详细说明如表3-36所示。

表3-36 宝马汽车电气代码说明

电气代码字母	说明	示例
A	表示控制单元、模块	如A6000-汽车发动机DME控制单元；A3-照明模块
B	表示传感器、电气转换器	如B1-右前车轮转速传感器；B10-加速踏板模块
D	表示诊断接口	—
E	表示灯、电气加热装置	如E7-右侧大灯；E9-后窗加热
F	保险丝	如F01-01号保险丝

续表

电气代码字母	说明	示例
G	供电、触发单元	如G1-蓄电池；G5-驾驶员安全气囊发生器
H	声光信号仪	如H53-右后高音喇叭
I	来自国外生产商的部件	如I01004-方向盘电子控制装置
K	继电器	如K6-大灯清洗装置继电器
L	线圈	如L1-环形线圈EWS
M	电动机、驱动装置	如M2-电动燃油泵；M16-油箱盖板中控锁驱动装置
N	放大器、控制器、控制装置	如N22-CD光盘转换匣；N40a-高保真功率放大器；N42a-耳机接口模块
R	电阻、电位计	如R8554-分级电阻；R012-后座区分区风门电位计
S	开关、按钮	如S4-喇叭开关；S6-DSC/DTC键
T	点火线圈	如T6151-1缸点火线圈
U	无线电设备、抗干扰设备	如U400a-电话发射接收器
W	天线、屏蔽	如W12-后部车内天线
Y	机电部件	如Y2341-喷油器1
Z	抗干扰滤波器	如Z13-抗干扰滤波器

✳ 3. 宝马车系电路图各信号说明

宝马汽车电路图各信号说明如表3-37所示。

表3-37　宝马汽车电路图各信号说明

信号	说明	信号	说明
15_WUP或15WUP	总线端KL.15，唤醒	54	制动信号灯开关信号
30	总线端KL.30，蓄电池	55HL	左后雾灯
30 < 1	总线端KL.30，保险丝1	56AL	左侧远光灯
30G	总线端KL.30，已接通	58VR	右侧停车灯
31	蓄电池负极	58G	仪表和背景照明
31_SENS	传感器负极	KL.87	继电器输出端信号
31E	电子接地线	S_50	点火开关
31L	负载接地	U_30	总线端KL.30电源供应
5V	5V供电电源	B+或B（+）	蓄电池正极
49HL	左后转向信号灯	KL.31或KL31	接地
50L	总线端KL.50，负荷信号	POS	挡位信号

✳ 4. 宝马汽车电路图导线颜色的标识

为便于识别和检修汽车电气设备，宝马汽车电路中的低压导线通常由不同的颜色组成（如图3-69所示），并在电路图上用导线颜色的字母代号标注出。宝马汽车电路图导线颜色及英文简写如表3-38所示。

导线除了用颜色进行标识外，还需注明导线的粗细，即导线的截面积（单位为mm²）。

图3-69　不同颜色的导线

例如：0.35 GE/BR 代表主色为黄色，辅色为棕色，截面积为0.35mm²的导线；0.5 SW/VI 代表主色为黑色，辅色为紫色，截面积为0.5 mm²的导线；4.0RT 代表红色，截面积为4.0mm²的导线。

表3-38 宝马汽车电路图导线颜色及英文简写说明

英文简写	颜色	色标	英文简写	颜色	色标	英文简写	颜色	色标
BL	蓝色		RT	红色		SW	黑色	
BR	棕色		GR	灰色		VI	紫色	
GE	黄色		OR	橙色		WS	白色	
GN	绿色		RS	粉红色		TR	透明色	

二、宝马汽车电路图识读说明与示例

1. 宝马汽车电路图识读说明

图3-70所示为宝马汽车电路图识读说明，图中指示出常见图形、符号和代号所表示的意义。

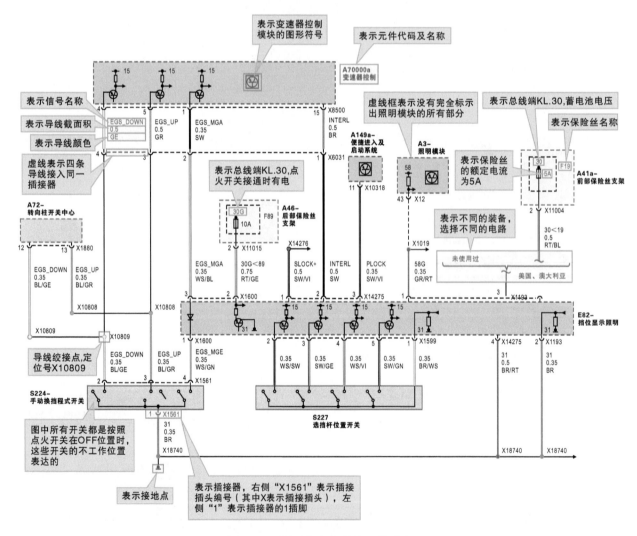

图3-70 宝马汽车电路图识读说明

2. 宝马汽车电路图识读示例

下面以宝马5系（E60/E61）自动变速器电路（图3-71）为例讲解宝马汽车电路图的识读方法。

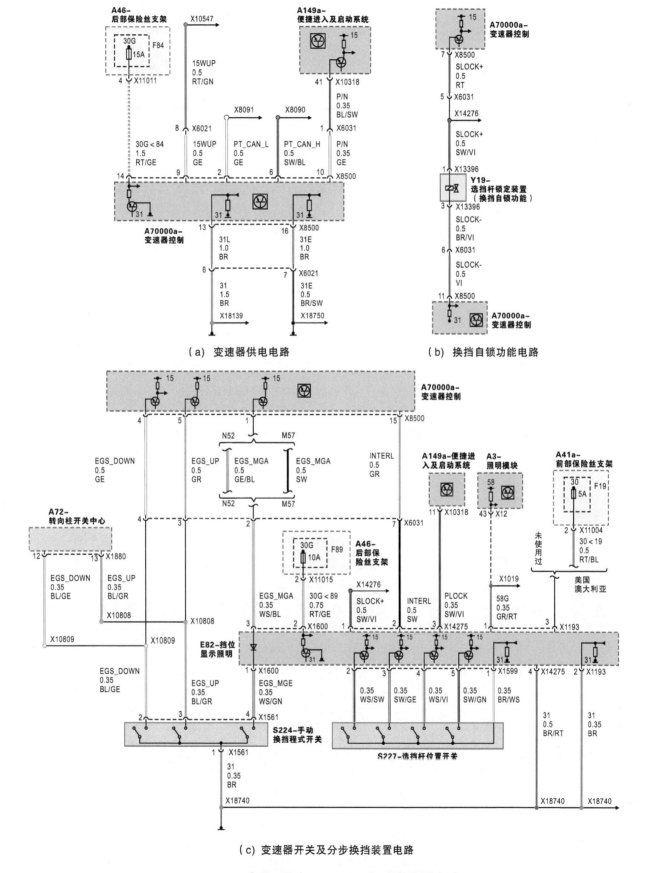

（a）变速器供电电路

（b）换挡自锁功能电路

（c）变速器开关及分步换挡装置电路

图3-71 宝马5系（E60/E61)自动变速器电路

变速器控制系统供电电路的识读：图3-71（a）所示为自动变速器控制系统供电电路。到达后部保险丝支架A46的蓄电池电压，经保险丝F84后，供电给变速器控制单元的X8500-14脚；X8500-13脚为接地脚，经连接器X6021-6脚后通过X18139搭铁点搭铁；X8500-16脚也为接地脚，经连接器X6021-7脚后通过X18750搭铁点搭铁；X8500-2脚为PT_CAN低信号脚，接连接器X8091；X8500-6脚为PT_CAN高信号脚，接连接器X8090；X8500-9脚为总线端KI.15唤醒信号脚，经连接器X6021-8脚后接连接器X10547；X8500-10脚为驻车信号脚，如果车辆停止，则驻车信号就会从便捷进入及启动系统X10318-41脚输出，经连接器X6031-1脚后输入到变速器控制单元X8500-10脚。

换挡自锁功能电路的识读：图3-71（b）所示为换挡自锁功能电路。选挡杆锁定装置（换挡自锁功能）Y19的功能是在未踩下制动器时控制选挡杆在行驶挡P和N的动作。该功能通过选挡杆上的电磁锁实现。Y19的X13396-1脚为控制信号正极输入端，经X14276和连接器X6031-5脚后，接变速器控制单元X8500-7脚；Y19的X13396-3脚为控制信号负极输入端，经连接器X6031-6脚后，接变速器控制单元X8500-11脚。

变速器开关及分步换挡装置电路的识读：图3-71（c）所示为变速器开关及分步换挡装置电路。通过选择手动换挡程式开关或多功能方向盘上的操作按钮可将驾驶员希望的换低挡信号或换高挡信号输入到变速器控制单元。其中变速器控制单元X8500-4脚为换低挡信号输入，来自于转向柱开关中心X1880-12或手动换挡程式开关X1561-2脚的换低挡信号经连接器X6031-4脚后，输入到变速器控制单元X8500-4脚；变速器控制单元X8500-5脚为换高挡信号输入，来自于转向柱开关中心X1880-13或手动换挡程式开关X1561-3脚的换高挡信号经连接器X6031-3脚后，输入到变速器控制单元X8500-5脚。变速器控制单元X8500-1脚为挡位显示照明信号接地，经连接器X6031-2脚后，接挡位显示照明X1600-3脚；变速器控制单元X8500-15脚为换挡杆位置信号输入脚，接挡位显示照明X14275-2脚。

三、宝马汽车电路缩略语及其含义

宝马汽车电路缩略语及含义如表3-39所示。

表3-39 宝马汽车电路缩略语及含义

缩略语	含义	缩略语	含义	缩略语	含义
A		CID	中央信息显示器	EV	喷油器
ACC	自适应巡航系统	CON	控制器	EWS	电子禁启动防盗装置
ACSM	碰撞安全模块	**D**		**F**	
AG	自动变速器（AT）	DAB	数字调谐器	FH	中控电动镜
AHL	随动控制大灯	DME	发动机控制模块	FRM	脚部空间模块
AL	主动转向控制	DSC	动态稳定控制	FZD	车顶功能中心
ALBBF	前乘客主动式靠背宽度	DSP	数码音响处理器	**G**	
ALBFA	驾驶员主动式靠背宽度	DWA	防盗警报系统	GWS	选挡按钮
AMP	功率放大器	**E**		**H**	
ARS	动态行驶稳定装置	EDC	电子减震控制系统	HG	手动变速器（MT）
C		EGS	变速器电子控制系统（EAT）	HUD	平视显示系统
CA	无钥匙便捷上车及启动系统（便捷上车功能）	EHC	电子高度控制系统	**I**	
		EHPS	电动液压助力转向系统	IB	车内灯光控制器
CAS	便捷上车及启动系统	EKP	电动燃油泵	IHKA	自动恒温空调
CCC-ASK	CCC音频系统控制器	EML	发动机动力电子控制系统	**J**	
		EPS	电动机械式助力转向系统	JBE	接线盒子电子装置

续表

缩略语	含义	缩略语	含义	缩略语	含义
K		PDC	驻车距离报警系统	TEL	电话
K/CC	仪表资讯自诊断系统	**R**		TI	燃油喷射电子脉波宽度
KBM	车身标准模块	RDC	轮胎压力监控	TL	部分负荷
KGM	车身网关模块	RLS	雨天/行车灯传感器	TL	负荷信号
KHI	耳机接口	RPA	轮胎报警指示	TLC	车道偏离报警装置
KOMBI	组合仪表	RPS	汽车碰撞防护装置	TMBF	前乘客侧车门模块
KD	强迫降挡	RXD	自诊断电路	TMBFH	前乘客侧后车门模块
KW	曲轴	**S**		TMFA	驾驶员侧车门模块
L		SBSL	左侧B柱卫星式控制单元	TMFAH	驾驶员侧后车门模块
LDM	纵向动态管理	SBSR	右侧B柱卫星式控制单元	TR	转速信号（CKP）
LKM	灯泡烧毁监控系统	SDARS	卫星调谐器	TSH	门锁自动控制系统
LL	怠速	SFZ	车辆中央卫星式控制单元	**U**	
LLS	怠速空气控制阀（IAC）	SG	电控单元	U-batt	蓄电池供电电压（BU、BV）
LM	灯光模块	SGM	安全和网关模块	U-veVS	系统提供电源（PW）
LMM	空气流量传感器（MAF）	SHD	电控天窗	**V**	
LWS	转向角传感器	SM/SPM	电动椅/电动镜记忆系统	VL	全负荷
M		SMFA	驾驶员座椅模块	VM	视频模块
M-ASK	多音频系统控制器	SMG	自动换挡控制的手动变速器	VTC	电子气门控制系统
MF	缩微胶片	SRA	前照灯清洗器	VTG	分动器
MV	电磁阀（SV）	SZL	转向柱开关中心	**W**	
N		SZM	中央控制台开关中心	WIM	刮水器模块
NW	凸轮轴	**T**		**Z**	
NAV	导航系统	TCU	电子信息控制单元	ZGM	中央网关模块
O		TD	点火信号（CPS）	ZV	中控锁系统
OBC	随车自诊断电脑	TD	自诊断输入触发电路		
P		TE	活性炭罐电磁阀（EEC）		

第九节　福特汽车电路图的识读

一、福特汽车电路图符号

※ 1. 电路及元件符号

福特汽车电路图中使用的符号及含义如表3-40所示。

表3-40　福特汽车电路图中使用的符号及含义

部件	图形说明	部件	图形说明	部件	图形说明	部件	图形说明
 ⊥	配置接点	 ↑	连接器	 ⊗	灯	 ▯	组件外壳直接与车身金属部位连接（搭铁）
 —	不相连的跨越电路	 Y	母连接器（母子）	 ⊣▷	电磁控制阀或离合器电磁阀	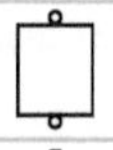 ▯	组件上配置螺钉锁接式端子
●	接点	 ↓	公连接器（公子）	□	组件整体	 ▯	直接接到组件的连接器
○	可移动连接	 ⊕	晶体管	 ⌐ ¬	组件的部分	━ ━ ━	代表两条或两条以上线路
 ⊥	接地（搭铁）					‑ ‑ ‑ ‑	代表一条连接线路

续表

部件	图形说明	部件	图形说明	部件	图形说明
	线圈		霍尔传感器		继电器
	蓄电池		钟式弹簧		联动开关。虚线代表在开关之间以机械方式相连接
	断电器		蜂鸣器		常开接点 线圈通电时，开关被拉回闭合
	电阻或加热元件		加热元件导体环		汇流排
	电位计（压力或温度）		温控计时继电器		线路参照编号，可借此找出连接于其他回路中的线路
	电位计（受外来因素影响）		可变电容器		其他回路也共同利用18号保险丝，但未显示在同一线路图中
	连接组件导线的连接器		压电传感器		仍有其他回路通过G1001搭铁，但未显示在同一线路图中
	电路阻抗		温度断路器		该符号用以显示系统中的硬件装置（仅由电子元件所组成）
	燃油发送器		转向灯符号		①线路编号 ②导线截面尺寸（mm²），线路连接于车身金属表面（搭铁），可利用于部件位置表的搭铁编号
	转向柱滑环		天线		选择用支路，代表在不同机型、国别或选装设备时，线路有不同
	保险		二极管，电流依箭头方向流通		①线路绝缘为单一颜色 ②可利用部件位置表的连接器参照编号 ③芯脚号码
	屏蔽		发光二极管（LED）		①同一组连接器的两个接点（插脚），虚线代表各芯脚位于同一组连接器中
	易熔线		永磁单速电动机		
	电容器		永磁双速电动机		①端子号 ②部件编号 ③部件名称 ④"15"表示在位置2或3供应蓄电池电压 ⑤部件连接器 ⑥相关部件或工作的具体内容 注释： Ignition switch—点火开关 0—Off（关闭） 1—Acc（附件） 2—Run（运转） 3—Start（启动）
	双芯灯		单极、两投开关		
	远光灯符号		代表该保险丝一直供电		
	AC交流电		滤波器		
	点火线圈总成		后雾灯符号		
	ABS轮速传感器		前雾灯符号		
			量表		
			汇流排		
			分电器		
			短路条连接器		

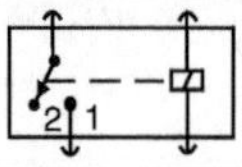

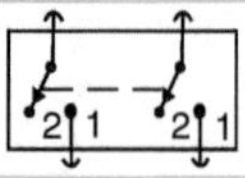

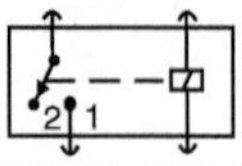

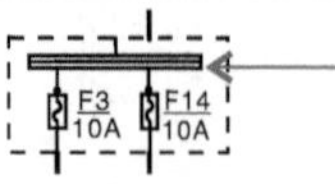

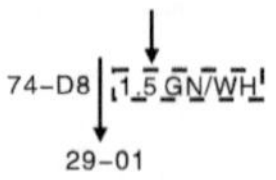

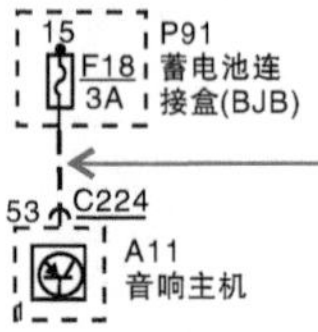

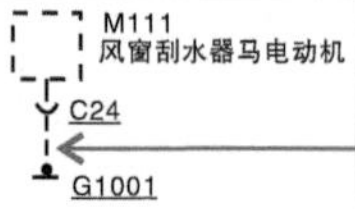

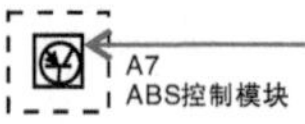

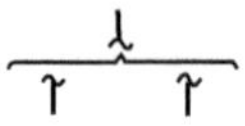

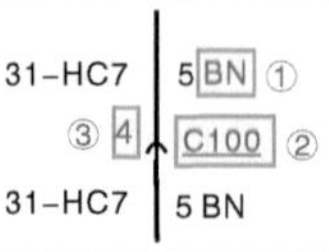

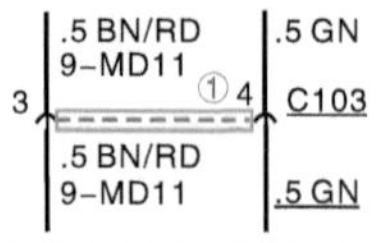

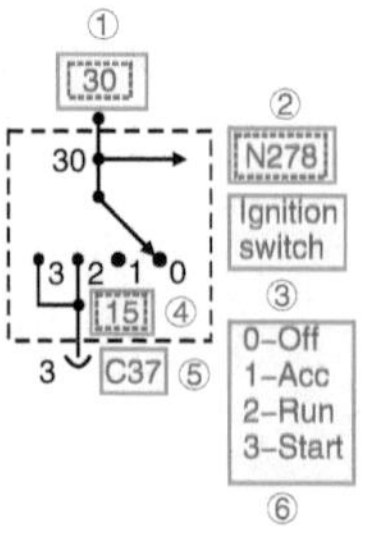

对于2012年后生产的福特汽车，电路图中使用的部分符号做了修改，如表3-41所示为2013年款福克斯电路符号及含义。

表3-41　2013年款福克斯电路符号及含义

符号	说明	符号	说明	符号	说明
	内嵌式连接器		接地		双绞线
	公连接器（公子）				屏蔽电缆
	母连接器（母子）		离页引用（关于）		
	有镀膜的插脚（比如黄金）		离页引用（来自）		组件的部分

❋2. 导线颜色符号

福特汽车电路图中导线颜色符号的含义如表3-42所示。

表3-42　福特汽车导线颜色符号

英文简写	颜色	色标	英文简写	颜色	色标	英文简写	颜色	色标
BK	黑色		GN	绿色		WH	白色	
BN	棕色		BU	蓝色		OG	橙色	
RD	红色		VT	紫色		LG	淡绿	
YE	黄色		GY	灰色		SR	银色	
PK	粉红		NA	自然色		—	—	—

二、福特汽车电路图的特点

❋1. 整体电路图的特点

每一电路都独立而完整地在一个单元中绘出，其他连接在该电路上的电气组件，如果对该电路无影响，都可能未绘出，如图3-72所示。

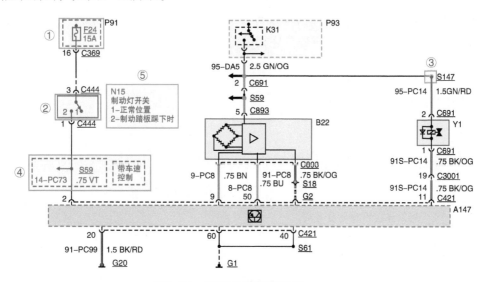

图3-72　整体电路图的特点

编号①——电流流通路径：通常情况下，每一电路的起点总是从保险丝或点火开关等提供电源的组件开始。电路图中，电流流通路径是按从该页顶部电源处到底部接地点的路线流动的。

编号②——开关位置：电路图中，所有开关、传感器及继电器等都处于其不工作的状态（就如点火开关在OFF时一样）。

编号③——电路结合处：用箭头指示某结合处没有被完全绘出。完整的结合处所在页码已在索引中列出了。

编号④——虚线方框：线路图中，窄的虚线方框表示该部分电路仅限某些特殊车型、某国使用或选配件。对该限制的备注标在图中方框旁。

编号⑤——组件名称与标注：组件名称标注于该组件右侧，说明开关位置或工作条件的备注紧邻着它。内部组件（如速度传感器）的说明也标注于此。

✸ 2. 保险丝及继电器信息

保险丝及继电器信息包含的保险丝及继电器盒示意图（如图3-73所示），说明了全部保险丝及继电器的信息，而且还以表格的形式列出了每个保险丝所保护的电路与系统。

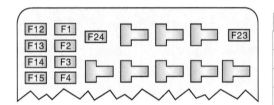

保险丝名称	容量/A	保护的电路与系统
F1	60	冷却风扇模块
F2	80	电动液压动力辅助转向（EHPAS）模块
F3	60	中央接线盒
……	……	……

（a）保险丝及继电器分布图　　　　　（b）信息表

图3-73　保险丝及继电器信息

✸ 3. 动力分配系统

动力分配系统单元显示了电流回路，该电路图显示了从蓄电池到点火开关及所有保险丝的电路，动力分配系统部分电路如图3-74所示。

✸ 4. 保险明细

保险明细指出了每个保险丝所保护的电路，该电路依次从保险到各电气组件。在保险及第一个组件间的所有细节（包括导线、连接处、连接器等）都指示在了图上，如图3-75所示。

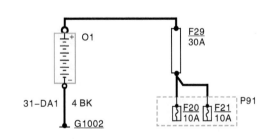

图3-74　动力分配系统部分电路

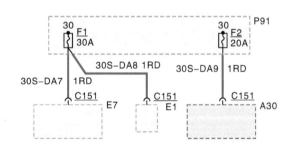

图3-75　保险明细图

✸ 5. 接地点

接地点部分说明了每一接地点或搭铁线的全部细节，这对于一个故障（接地不良）同时影响几个组件的诊断是很有用的。接地点电路如图3-76所示，在接地点及组件间的所有细节（导线、接点、连接器等）都已列出。

✻ 6. 原理方框图

在某些单元电路前面，给出了原理方框图，这些方框图给出了需要详细说明的系统的概述。所有连接到该控制模块的组件在方框图上都有标示，这样就为理解系统中各组件间的相互作用提供了方便。如图3-77所示为福克斯动力控制模块原理方框图。

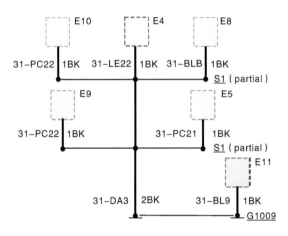

图3-76 接地点（部分）

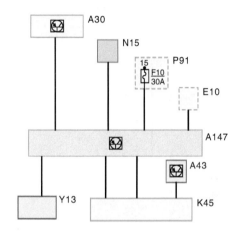

图3-77 福克斯动力控制模块原理方框图

三、福特汽车电路图识读说明与示例

✻ 1. 福特汽车电路图识读说明

如图3-78所示为福特汽车电路识读说明，图中指示出常见图形、符号和代号所表示的意义。

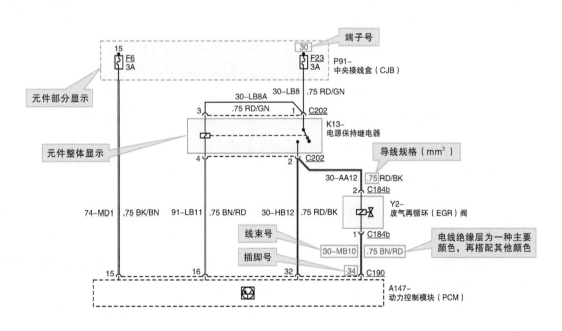

图3-78

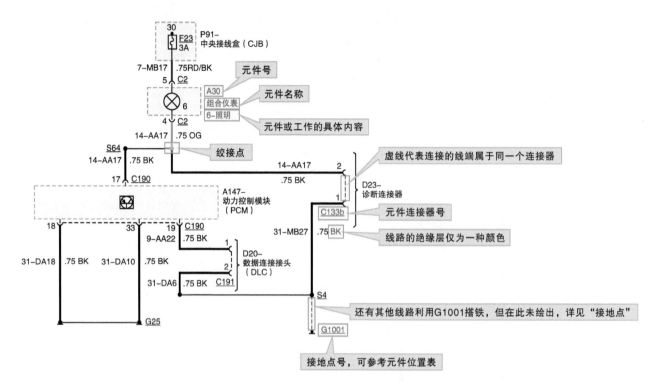

图3-78 福特汽车电路图识读说明

✳2. 福特汽车电路图识读示例

图3-79所示为福克斯车外后视镜电路图，下面以该电路为例，讲解福特汽车电路图的识读方法。

车外后视镜是由驾驶员控制的，其控制开关在驾驶员侧，方便驾驶员根据需要对两个后视镜进行视野调整。车窗控制/电动后视镜调整开关如图3-80所示。

以左侧车外后视镜的操作为示例：要操作左侧车外后视镜则需把后视镜调节开关拨到左侧外后视镜位置，如图3-80（b）所示的③位置。

镜片向上倾斜：当按下镜片向上移位置开关时，车窗控制/电动后视镜调整开关N388内部的镜面向上开关闭合，N388的C741-1端与C741-6导通，C741-7端与C488-1导通。

经中央接线盒（CJB）内部10A保险丝F141后的电源电压→中央接线盒（CJB）的C100-35端→插接器C44-13端→车窗控制/电动后视镜调整开关 N388的C741-1端→N388内部的向上开关→N388的C741-6端→驾驶侧车外后视镜A355的C807-1端→驾驶侧车外后视镜内部的向上/向下电动机→A355的C807-2端→N388的C741-7端→经N388内部的向上开关→N388的C488-1→C12搭铁。此时左侧车外后视镜镜片向上倾斜。

镜片向下倾斜：当按下镜片向下移位置开关时，车窗控制/电动后视镜调整开关N388内部的镜面向下开关闭合，N388的C741-1端与C741-7导通，C741-6端与C488-1导通。

到达车窗控制/电动后视镜调整开关 N388的C741-1端的电源电压→N388内部的向下开关→N388的C741-7端→驾驶侧车外后视镜A355的C807-2端→驾驶侧车外后视镜内部的向上/向下电动机→A355的C807-1端→N388的C741-6端→经N388内部的向下开关→N388的C488-1→C12搭铁。此时左侧车外后视镜镜片向下倾斜。

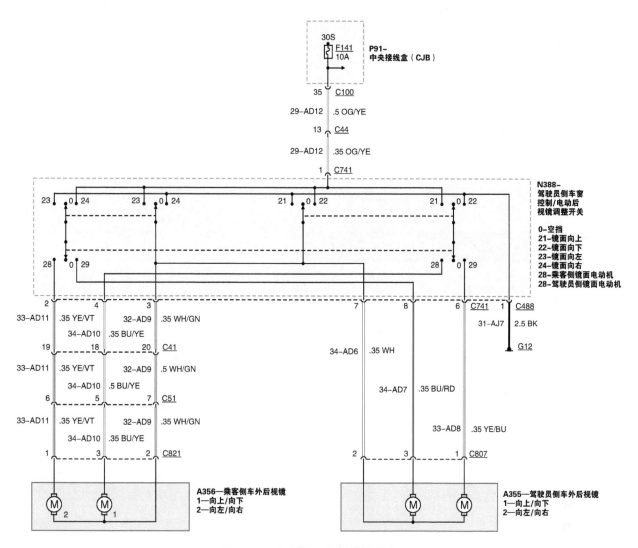

图3-79 福克斯车外后视镜电路图

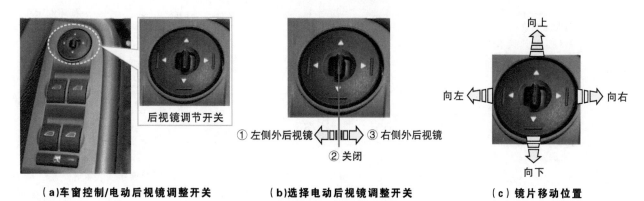

| （a)车窗控制/电动后视镜调整开关 | （b)选择电动后视镜调整开关 | （c）镜片移动位置 |

图3-80 车窗控制/电动后视镜调整开关的操作

镜片向左倾斜：当按下镜片向左移位置开关时，车窗控制/电动后视镜调整开关N388内部的镜面向左开关闭合，N388的C741-1端与C741-7导通，C741-8端与C488-1导通。

到达车窗控制/电动后视镜调整开关 N388的C741-1端的电源电压→N388内部的向左开关→N388的C741-7端→驾驶侧车外后视镜A355的C807-2端→驾驶侧车外后视镜内部的向左/向右电

动机→A355的C807-3端→N388的C741-8端→N388内部的向左开关→N388的C488-1→C12搭铁。此时左侧车外后视镜镜片向左倾斜。

镜片向右倾斜：当按下镜片向右移位置开关时，车窗控制/电动后视镜调整开关N388内部的镜面向右开关闭合，N388的C741-1端与C741-8导通，C741-7端与C488-1导通。

到达车窗控制/电动后视镜调整开关N388的C741-1端的电源电压→N388内部的向右开关→N388的C741-8端→驾驶侧车外后视镜A355的C807-3端→驾驶侧车外后视镜内部的向左/向右电动机→A355的C807-2端→N388的C741-7端→经N388内部的向右开关→N388的C488-1→C12搭铁。此时左侧车外后视镜镜片向右倾斜。

右侧车外后视镜的电路识读方法与左侧相似，读者可参考左侧车外后视镜电路进行分析。

四、福特汽车电路缩略语及其含义

福特汽车电路缩略语及含义如表3-43所示。

表3-43　福特汽车电路缩略语及含义

缩略语	含义	缩略语	含义	缩略语	含义
执行系统		DK	集成元件	HC	加热式座椅
AA	车门锁和行李厢盖（含免钥匙进入/全关闭）	**数据总线系统**		**乘员防护系统**	
		EA	ACP总线	JA	安全气囊
AD	电动后视镜	EB	ALT总线	**雨刮与清洗器系统**	
AG	电动天窗	EC	CAN总线	KA	雨刷/清洗器
AH	动力座椅	ED	DCL总线	**照明系统**	
AJ	动力窗	EE	ISO总线	LB	礼貌（手套箱/发动机盖/行李厢/地图/充电闪光灯/化妆灯）
AL	动力转向	EG	SCP总线		
AM	动力车门	**恒温系统**			
基本系统		FA	恒温1	LC	进入（包括：进入/地板/门）
BA	充电（包括：电流表/电压表）	FB	恒温2		
BB	启动	FC	恒温和辅助加热器	LD	雾灯
底盘系统		**信息与警告系统**		LE	头灯（包括：隐蔽/近光-远光/日间行驶）
CC	乘驾悬架系统	GA	量表-水平/压力/温度		
CD	悬架（空气/自动调平）	GB	量表杂项（包括：里程计/时钟）	LF	驻车/示廓/牌照/示廓灯
CE	动力转向（可变自动动力辅助）			LG	转向信号/转弯/危险/制动/倒车
		GC	指示器-水平/压力/温度		
CF	防抱死制动/牵引控制	GE	辅助警告/灯泡中断	LH	开关照明
CG	制动（发动机/废气/JAKE）	GG	组合仪表	LK	仪表照明
电源分配系统		GH	旅程计算器	**娱乐与通信系统**	
DA	绞接点	GJ	喇叭	MC	通信
DB	汇流排	GK	导航	MD	娱乐
DC	电路保护-蓄电池接线盒（BJB）	GL	防盗	**特殊车辆（独特）**	
		GM	声音警报（包括：蜂鸣器/钟）	NA	救护车
DD	电路保护-中央连接盒（CJB）	GN	驻车辅助	NB	警车
		GP	车辆紧急监控	NC	出租车
DE	搭铁	**加热系统**		ND	拖车
DF	连接盒体	HA	辅助（包括：空气/滤波器/点烟器）	**动力控制系统**	
DG	电路保护-辅助保险盒			PA	发动机控制（普通，冷却及额外碳化）
DH	分配-辅助保险盒	HB	除冰（包括：镜/清洗器/喷嘴/窗）		
DJ	附件配置			PG	车辆速度及发动机RPM

第十节 雪铁龙汽车电路图的识读

一、电气装置与电路符号说明

雪铁龙汽车电路图中各电气装置与电路的符号如表3-44所示。

表3-44 雪铁龙汽车电气装置与电路的符号

部件	图形说明	部件	图形说明	部件	图形说明	部件	图形说明
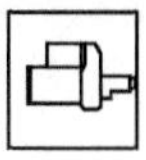	启动机		氧传感器		钥匙		电泵
	发电机	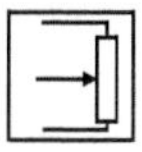	电位计	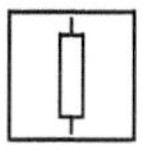	电阻		压缩机
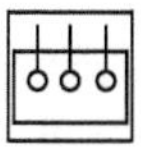	插线盒		开关（手动）		可变电阻（探头）		二极管
	蓄电池		开关	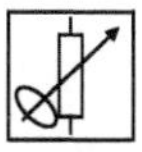	热敏电阻		电动阀
	点火线圈	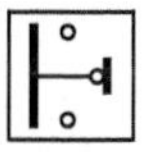	门框开关		压变电阻	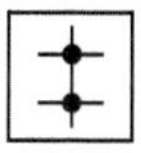	预留插头
	喷油器		继电器		温度开关	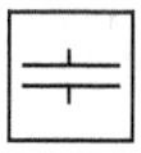	电容
	传感器	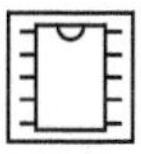	电控单元	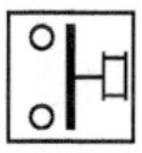	压力开关		灯泡
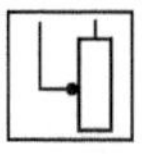	变阻器	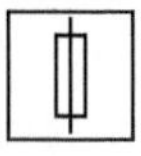	保险丝		电动机		组合仪表

二、电器编码说明

雪铁龙汽车对电器进行了编码，以便于识读。电器编码由4位数字组成，前两位数字代表功能，后两位数字代表该电器。例如：43 10

————代表该电器
————代表功能的功能编码

（1）功能编码

该编号规则是将每个电气元件的编号与电气功能关联起来，将所有功能分8大类，即：动力组、信号/外部照明组、内部照明组、驾驶员信息组、清洗刮扫组、其他辅助机构组、驾驶帮助组、驾驶舒适组。

（2）电源器件的特殊编号

雪铁龙汽车对下列电源器件进行了特殊编号：

① BB00：蓄电池。

② BB10：蓄电池正极盒。

③ CA00：防盗点火开关。

④ BF00：保险丝盒。

（3）地线编号规则

标识号前加字母M。例如：M2A、M90C等。

（4）绞接点编号规则

标识号前加字母E。例如：E028、E002等。对于同一绞接点不同连接后加字母以区别，例如E005A、E005B。

（5）指示灯的编码前有字母V

例如：V2610。

（6）有特殊功能的自由插接器

用于某功能的测试，作为电气元件进行编码前加字母C，例如：C1300。

三、插接器编号

雪铁龙汽车对中间插接器和预留插口进行了编号，编号规则如下。

✸1. 中间插接器编号

在标识号的两位数字前加字母IC，例如：IC20。

对于同一中间插接器的不同连接，后面加字母以区别，例如：IC05A、IC05B。

✸2. 预留插口编号

在标识号的三位数字前加字母B，例如：B001。

对于同一插口的不同连接，后面加字母以区别，例如：B003A、B003B。

四、颜色编码

原理图、接线图和布置图中标示出了插接器的颜色，插接器的颜色及代码如表3-45所示。

表3-45　雪铁龙汽车插接器颜色及代码含义

英文简写	颜色	色标	英文简写	颜色	色标	英文简写	颜色	色标
BA	白		MR	栗		VE	绿	
BE	蓝		NR	黑		VI	紫	
BG	灰褐		OR	橘黄		VJ	绿/黄	
GR	灰		RG	红				
JN	黄		RS	褐				

五. 线束的代码

电路图中各导线都标明其所在线束的代码，为寻找线路的方位和走向提供方便。如表3-46所示为东风雪铁龙毕加索轿车各线束代码。

表3-46 东风雪铁龙毕加索轿车线束代码

线束代号	线束名称	线束代号	线束名称	线束代号	线束名称	线束代号	线束名称
01 CBP	蓄电池正极电缆	17 BR/AV	前雾灯线束	50 P/B	仪表板线束	60 P/C	驾驶员前车门线束
02 CBN	蓄电池负极电缆	20 MOT	发动机线束	51 J	油量传感器线束	62 PR/G	左后门线束
10 PR	主线束	22 MOT/C	发动机附加线束	53 SAC	安全气囊线束	65 P/P	乘员前车门线束
16 GMV	风扇机组线束	46 HAB	座舱线束	59 CLM	空调线束	67 PR/D	右后车门线束

六、电路图识读说明

下面分别对雪铁龙汽车常用电路原理图及接线图进行说明。

❋ 1. 原理图说明

雪铁龙汽车电路原理图说明如图3-81所示。

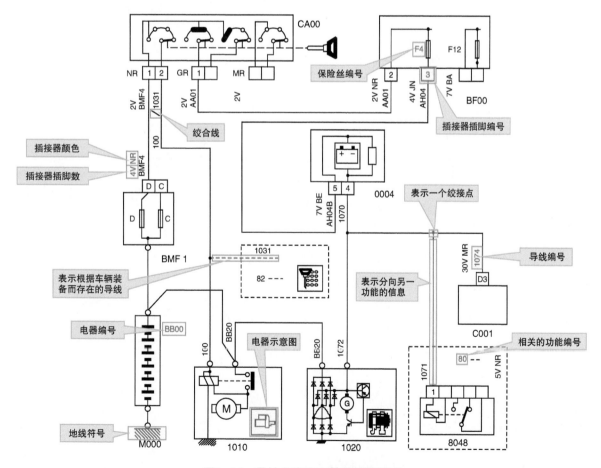

图3-81 雪铁龙汽车电路原理图说明

✳ **2. 接线图说明**

雪铁龙汽车接线图说明如图3-82所示。

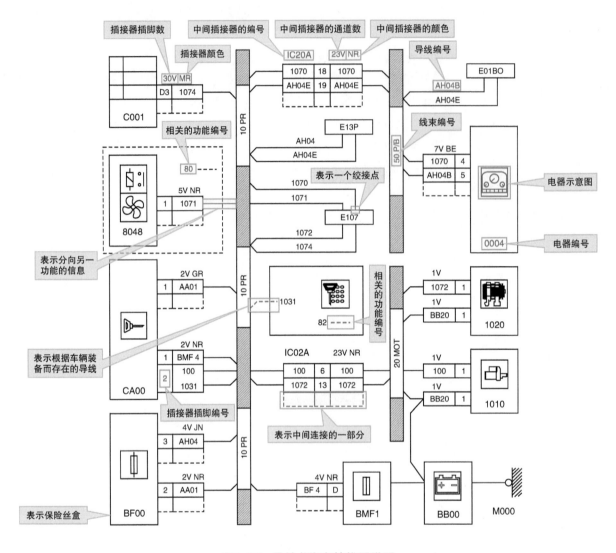

图3-82 雪铁龙汽车接线图说明

第十一节 马自达汽车电路图的识读

一、马自达汽车电路符号

马自达汽车电路符号及含义如表3-47所示。

表3-47　马自达轿车电路图符号及含义

符号	含义	符号	含义	符号	含义
灯 3.4W	当电流通过白热丝时发光并发热	继电器1 常开（NO）	通过线圈的电流产生电磁力使触点连接或断开 线圈无电流　线圈有电流 未流动　流动	传感器1	根据阻抗的变化检测某些特性，例如进气歧管真空度及空气流量
电阻	①电阻值恒定的电阻器 ②主要通过保持额定电压，来保护电路中的电气部件	继电器2 常关（NC）	通过线圈的电流产生电磁力使触点断开 线圈无电流　线圈有电流 流动　未流动	传感器2	根据其他部件的操作检测阻抗的变化
电动机 M	将电能转化为机械能	电磁阀	通过线圈的电流产生电磁力操纵阀芯	传感器3	①阻抗会随温度的变化而变化的电阻器 ②当温度升高时，阻抗减小
泵 P	吸入并排放气体和液体	电容器	能够暂时储存电荷的部件	传感器4	检测旋转物体发出的脉冲信号
附件插座	内部电源			传感器5	当施加张力或压力时，会产生电势差
点烟器	产生热的电线圈	符号	含义		
喇叭 扬声器	当有电流通过时发出声音	二极管	也被称为半导体整流器，二极管只允许电流朝一个方向流动　阴极(K)⊣正极(A)　电流流动		
加热器	当有电流通过时产生热量	发光二极管（LED）	①有电流通过时发光的二极管 ②与一般小灯泡不同，二极管点亮时不产生热量　负极/正极		
点火开关 B2 B1 ST OFF OFF IG2 IG1 ACC	转动点火钥匙来转换电流以对各个部件进行操作 注：点火开关在柴油车辆上称为发动机开关	稳压二极管 （齐纳二极管）	在一定电压下，电流朝一个方向流动，当超过一定电压时，电流方向将发生改变		
开关1 常开（NO）	通过打开和关闭电路，使电流流动或将其断开	线束连接 当电路C-D与电路A-B连接时，连接点D表示为黑点 选择 根据车辆的技术规格，不同电路的改向点D表示为白点	对于有ABS的车辆，使用A-B电路　A D B　C 对于无ABS的车辆，使用C-B电路　有ABS A B　无ABS C D		
开关2 常闭（NC）		接线位置1的变化范围 E C A B B B B B B F D B	接线位置可以在端子上自由交换		
自动停止开关	当满足某些条件时，自动切断电路	接线位置2的变化范围 E C A B B B B B B F D B	接线位置中可以根据下列组合进行交换 在A与B之间、在C与D之间、在E与F之间		
		接线位置3的变化范围 3 L 2 1 5 L 4 8 7 6 B/Y B	①接线位置只能按照下面的组合变换位置，在1、2、4和7之间 ②接线位置也可以用某些连接器的号码来表示		

续表

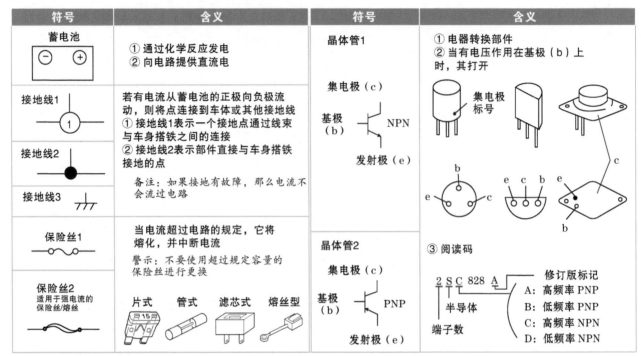

符号	含义	符号	含义
蓄电池	① 通过化学反应发电 ② 向电路提供直流电	晶体管1 集电极（c） 基极（b）　NPN 发射极（e）	① 电器转换部件 ② 当有电压作用在基极（b）上时，其打开
接地线1 接地线2 接地线3	若有电流从蓄电池的正极向负极流动，则将点连接到车体或其他接地线 ① 接地线1表示一个接地点通过线束与车身搭铁之间的连接 ② 接地线2表示部件直接与车身搭铁接地的点 备注：如果接地有故障，那么电流不会流过电路		
保险丝1 保险丝2 适用于强电流的保险丝/熔丝 片式　管式　滤芯式　熔丝型	当电流超过电路的规定，它将熔化，并中断电流 警示：不要使用超过规定容量的保险丝进行更换	晶体管2 集电极（c） 基极（b）　PNP 发射极（e）	③ 阅读码 2 S C 828 A　　修订版标记 半导体　A：高频率 PNP 端子数　B：低频率 PNP 　　　　C：高频率 NPN 　　　　D：低频率 NPN

二、导线颜色代码

马自达汽车导线颜色代码如表3-48所示。

表3-48　马自达汽车导线颜色代码

英文简写	颜色	色标	英文简写	颜色	色标	英文简写	颜色	色标	英文简写	颜色	色标
B	黑色		GY	灰色		P	粉红色		W	白色	
L	蓝色		G	绿色		R	红色		Y	黄色	
BR	棕色		LB	浅蓝色		SB	天蓝色		—	—	—
DL	深蓝色		LG	浅绿色		T	黄褐色		—	—	—
DG	深绿色		O	橙色		V	紫色		—	—	—

三、线束符号说明

马自达汽车线束符号说明如表3-49所示。

表3-49　马自达汽车线束符号说明

线束名称		符号	线束名称		符号	线束名称		符号
前部线束	（F）		后部线束	（R）		车门1号线束	（DR1）	—
前部2号线束	（F2）		后部2号线束	（R2）		车门2号线束	（DR2）	—
发动机线束	（E）		后部3号线束	（R3）		车门3号线束	（DR3）	—
前围板线束	（D）		仪表板线束	（I）	—	车门4号线束	（DR4）	—
			排放线束	（EM）	—	空调线束	（AC）	—
底板线束	（FR）	—	排放2号线束	（EM2）	—	燃油喷射线束	（INJ）	—
内部照明线束	（IN）	—	排放3号线束	（EM3）	—	手制动线束	（HB）	—

四、电路图识读说明

下面分别对线束接地点、系统电路图/接线图进行说明。

1. 接地点识读说明

线束接地点识读说明如图3-83所示。

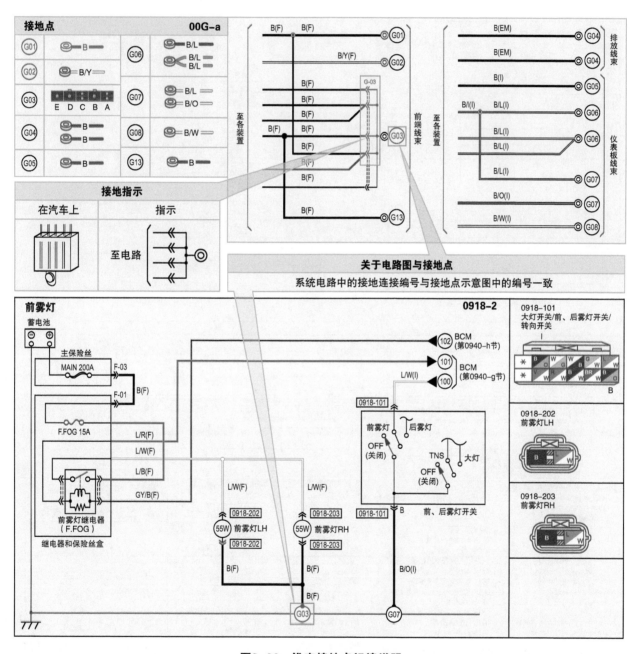

图3-83 线束接地点识读说明

2. 系统电路图/接线图识读说明

马自达汽车系统电路图/接线图给出了各个系统从电源到接地的电路。电源在页面的上半部分，接地在页面的下半部分。以图3-84所示的点火装置的电路为例对示意图中的各个点进行解释说明。

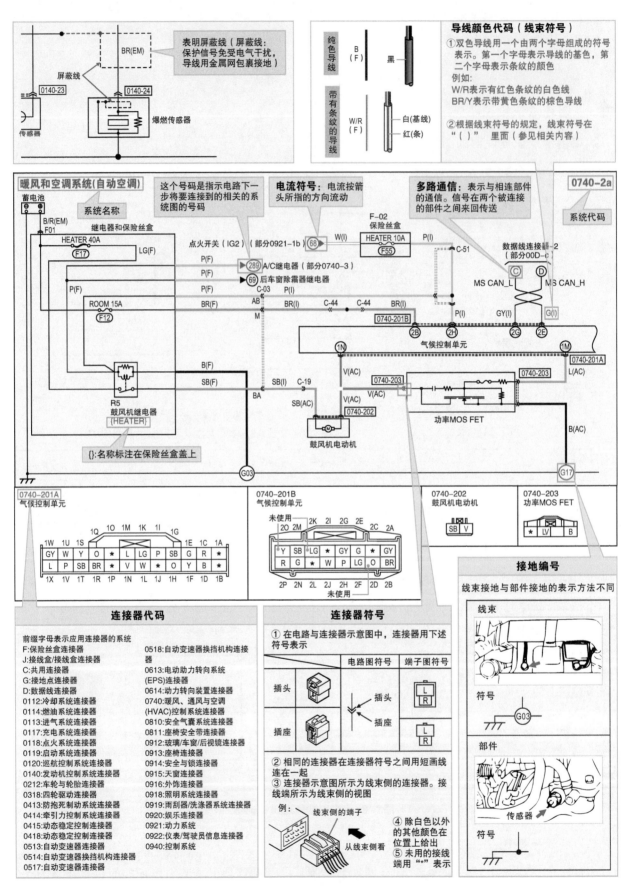

图3-84 点火装置的电路

第十二节　中国汽车电路图的识读

一、奇瑞汽车电路图的识读

国产奇瑞汽车电路图风格与德国大众比较相似，奇瑞汽车大多数车系电路图都是把电源放在页面顶部，接地放在页面下部，页面中间摆放电气元件，如QQ、瑞虎、风云、东方之子、旗云等车型。

其中，奇瑞风云汽车更是采用了与德国大众汽车相同的横坐标式电路图，即在电路图最下端通过编号坐标来标注图中各线路的位置，各线路纵向平行排列，每条线路对准下框线上的一个编号。图中一般没有横向交叉跨度较大的走线，横向连接的走线采用"断口标注方式"表示，即线路断口处标注为与之相连的另一段线路所在图中的位置编号。

1. 奇瑞汽车电路符号及含义

奇瑞汽车电路图中使用的符号、名称与实物对照如表3-50所示。

表3-50　奇瑞汽车电路符号、名称与实物对照

符号	名称与实物	符号	名称与实物	符号	名称与实物
	线路连接	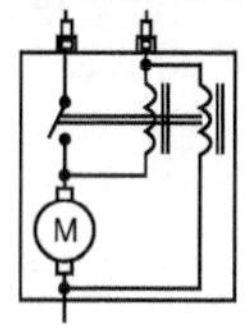	启动机 	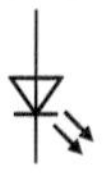	发光二极管 
	插接件 	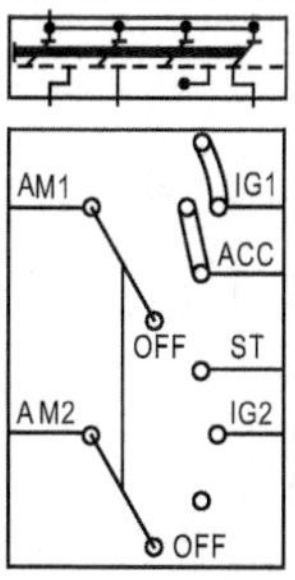	点火开关 	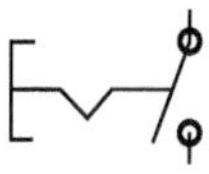	自锁式按键
	屏蔽线				保险丝 
	双绞线			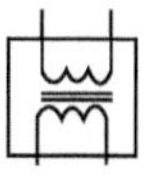	点火线圈 
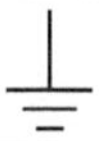	搭铁			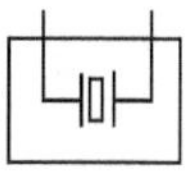	爆燃传感器 
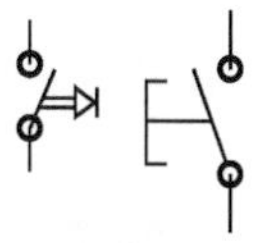	点触式按键 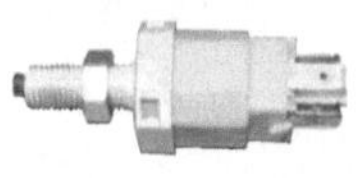			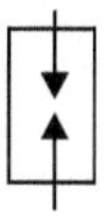	火花塞 
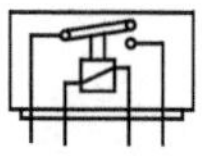	继电器	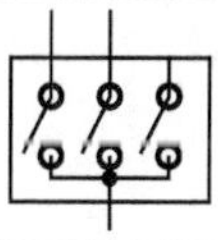	开关控制	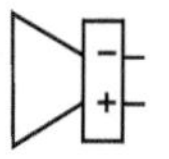	喇叭 
	直流电动机 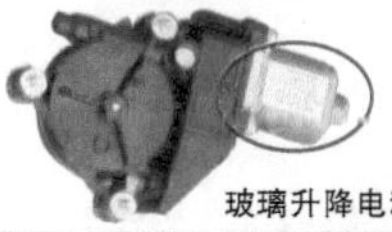 / 玻璃升降电动机		电阻元件 	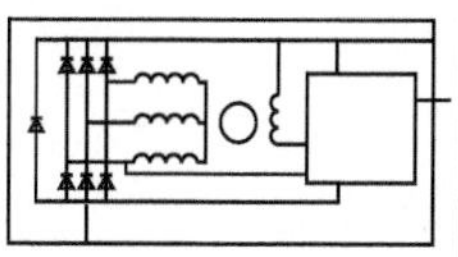	交流发电机 
	灯泡 	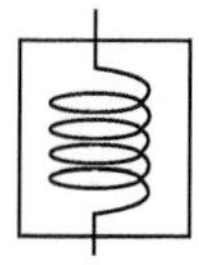	电磁线圈  / 喷油器		
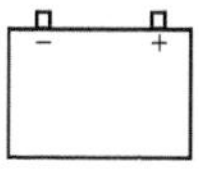	蓄电池 				

点火开关位置对照表：

端子位置	3 ACC	2 IG1	1 AM1	6 IG2	5 AM2	4 ST2
LOCK						
ACC	○——○		○——○			
ON	○——○	○——○	○——○	○——○	○——○	
ST		○——○	○——○	○——○		○——○

2. 导线颜色符号

奇瑞汽车导线颜色标准不一，常见车型导线颜色如表3-51所示。

表3-51 奇瑞汽车导线颜色代码

英文简写	颜色	色标	英文简写	颜色	色标	英文简写	颜色	色标	英文简写	颜色	色标
奇瑞QQ			V	绿色		Gr	灰色		R	红色	
B	白色		R	红色		Y	黄色		M	棕色	
A	蓝色		奇瑞E5			G	绿色		V	绿色	
Z	紫色		W	白色		R	红色		A	蓝色	
O	橙色		L	蓝色		P	粉红色		H	灰色	
M	棕色		V	紫色		Lg	浅绿色		Z	紫色	
N	黑色		O	橙色		风云			G	黄色	
H	灰色		Br	棕色		B	白色		J	橙色	
G	黄色		B	黑色		N	黑色		F	粉红	

二、比亚迪汽车电路图的识读

1. 比亚迪汽车电路符号及含义

比亚迪汽车电路图中使用的符号及含义如表3-52所示。

表3-52 比亚迪汽车电路图中使用的符号及含义

部件	含义	部件	含义	部件	含义	部件	含义
	保险丝		可变电阻	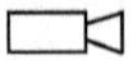	点烟器	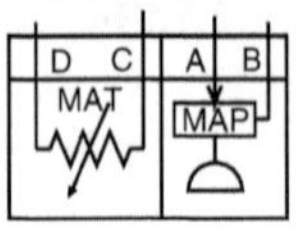	进气温度、压力传感器
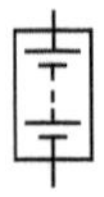	蓄电池		灯泡	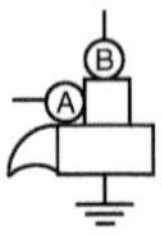	启动机		连接器
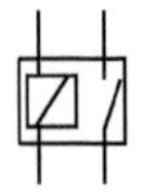	继电器1		电动机	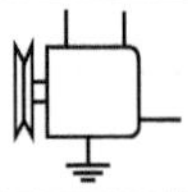	发电机		接插件1
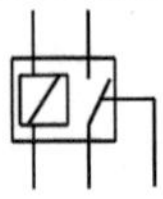	继电器2		火花塞		电容		接插件2
	发光二极管		电感		电磁阀		接插件端子
	二极管		光敏三极管	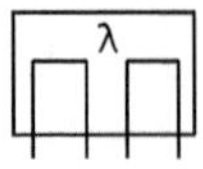	氧传感器		配线接地
	稳压二极管		三极管	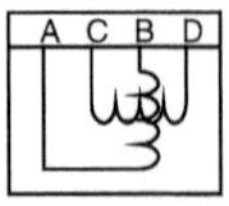	步进电动机	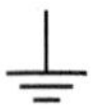	接地
	电阻		喇叭	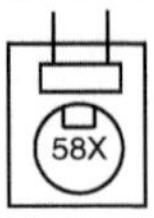	曲轴位置传感器		扬声器
			两态常开开关				指示表
		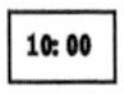	时钟				

2. 导线颜色符号

比亚迪汽车导线颜色规定如表3-53所示。

表3-53　比亚迪汽车导线颜色规定

英文简写	颜色	色标	英文简写	颜色	色标	英文简写	颜色	色标	英文简写	颜色	色标
W	白色		G	绿色		Br	棕色		P	粉红色	
B	黑色		L	蓝色		Y	黄色		V	紫色	
R	红色		O	橙色		Gr	灰色		—	—	—

三、国产汽车常见报警灯/指示灯标志

　　汽车仪表板上有一些对工况进行监控并向驾驶员发出指示或警告的信息，这些信息一般以指示灯的形式显示在仪表板上或以文字信息的形式显示在液晶显示屏上。各种报警灯/指示灯图形符号及说明如表3-54所示。

表3-54　各种报警灯/指示灯图形符号及说明

图形符号与名称	符号说明	图形符号与名称	符号说明
机油压力过低报警灯	该报警灯用来显示发动机内机油的压力状况。打开点火开关，车辆开始自检时，灯点亮，启动后熄灭。如果该报警灯常亮，说明该发动机机油压力低于规定标准，需要维修	防抱死制动失效报警灯	该报警灯用来显示ABS工作状况。当打开点火开关，车辆自检时，ABS灯会点亮数秒，随后熄灭。如果未闪亮或者启动后仍不熄灭，表明ABS出现故障
充电报警灯	该报警灯用来显示蓄电池使用状态。打开点火开关，车辆开始自检时，该报警灯点亮，启动后自动熄灭。如果启动后蓄电池报警灯常亮，说明该蓄电池出现了使用问题，需要更换	制动系统报警灯	该报警灯用来显示车辆手刹的状态，平时为熄灭状态。当手刹被拉起后，该指示灯自动点亮。手刹放下后，该指示灯自动熄灭。有的车型在行驶未放下手刹时会伴随有警告声
冷却液温度报警灯	该报警灯用来显示发动机内冷却液的温度，打开点火开关，车辆自检时，会点亮数秒，随后熄灭。如果该灯常亮，说明冷却液温度超过规定值，须立刻暂停行驶，水温正常后熄灭	刹车盘磨损报警灯	该报警灯用来显示车辆制动盘磨损的状况。一般该报警灯为熄灭状态，当制动盘出现故障或磨损过度时，该灯点亮，修复后熄灭
远光指示灯	该指示灯用来显示车辆远光灯的状态。通常情况下该指示灯为熄灭状态。当车主点亮远光灯时，该指示灯会同时点亮，以提示车主，车辆的远光灯处于开启状态	安全气囊报警灯	该报警灯用来显示车辆安全气囊的工作状态，当打开点火开关，车辆开始自检时，该报警灯自动点亮数秒后熄灭，如果常亮，则说明安全气囊出现故障
转向指示灯	该指示灯用来显示车辆转向灯所在的状态，通常为熄灭状态。当车主点亮转向灯时，会同时点亮仪表板上相应方向的转向指示灯，转向灯熄灭后，该指示灯自动熄灭	安全带报警灯	该报警灯用来显示安全带是否处于锁止状态，当该灯点亮时，说明安全带没有及时地扣紧，有些车型会有相应的提示音。当安全带及时扣紧后，该指示灯自动熄灭
示宽灯	该指示灯用来显示车辆示宽灯的工作状态，平时为熄灭状态，当示宽灯打开时该指示灯即点亮。当示宽灯关闭或者关闭示宽灯打开大灯时，该指示灯自动熄灭	燃油报警灯	该报警灯用来显示车辆内储油量的多少，当点火开关打开，车辆进行自检时，该油量报警灯会短时间点亮，随后熄灭。如启动后该报警灯点亮，则说明车辆内油量不足
前雾灯　后雾灯	该指示灯用来显示车辆前、后雾灯的工作状况，当前、后雾灯点亮时，该指示灯相应的标志就会点亮。关闭雾灯后，相应的指示灯熄灭	发动机故障报警灯	该报警灯用来显示车辆发动机的工作状况，当打开点火开关，车辆自检时，该报警灯点亮后自动熄灭，如常亮则说明发动机出现了机械故障，需要维修
		车门未关报警灯	该报警灯用来显示车辆各车门状况，任意车门未关上或者未关好，该报警灯都会点亮，提示车主车门未关好，当车门关闭或关好时，该报警灯熄灭

第四章　汽车电路常见故障及检测方法

第一节　汽车电气系统常见的故障

汽车电气系统的故障总体上可分为两大类：一类是电气设备故障；另一类是线路故障。

一、电气设备故障

电气设备故障是指电气设备自身丧失其原有机能，包括电气设备的机械损坏、烧毁以及电子元件的击穿、老化、性能退化等。

✳1. 元件击穿

击穿包括过电压击穿或过流、过热引起的热击穿等。击穿有时表现为短路形式，有时表现为断路形式。由电路故障引起的过压、过流击穿常常是不可恢复的。

✳2. 元件老化或性能退化

这包括许多方面，如电容器的容量减小、绝缘电阻下降、晶体管的漏电增加、电阻的阻值变化、可调电阻的阻值不能连续变化、继电器触点烧蚀等。像继电器这类元件，往往还存在绝缘老化、线圈烧断、匝间短路、触点抖动的故障。

二、线路故障

线路故障包括接线松脱、接触不良、潮湿、腐蚀等导致的绝缘不良、短路等。这类故障一般与元器件无关。接触不良故障有时会出现一些假象，给故障诊断带来困难。例如，有的搭铁线多为几个电气设备共用，一旦该搭铁线出现接触不良，就有可能通过其他线路找到搭铁途径，造成一个或多个电气设备工作异常。

第二节　常用的检测工具

汽车维修常用的检测工具有跨接线、试灯、万用表、故障诊断仪等。

一、跨接线

跨接线可用来将存在故障的电路中的开关、导线和插接器等短路，以观察电路是否正常。如果电路正常，说明被短路的部分有故障。图4-1是用跨接线的一端接蓄电池正极，另一端分别跨接各点进行检测。

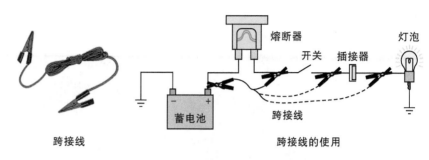

图4-1　跨接线及其使用

> **注意**
>
> 跨接线不能直接跨接在蓄电池的两端或蓄电池正极和搭铁之间。

二、试灯

试灯有两种，即测电压的无源测试灯和测电路导通性的有源测试灯。

✹ 1. 无源测试灯

无源测试灯内部装有一只12V的灯泡（如图4-2所示）。将带夹子的搭铁线接地后，再将带尖的探头同电路上任何一个应有电压的点连接。若灯泡亮，说明被测试的点上有电压。

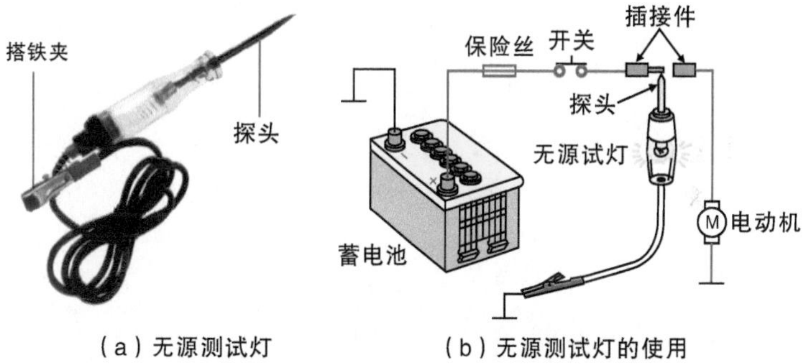

（a）无源测试灯　（b）无源测试灯的使用

图4-2　无源测试灯及其使用

✹ 2. 有源测试灯

使用有源试验灯（图4-3）可以检测电路的导通性。使用时要将电路的电源断开，搭铁夹子接负载部件的搭铁端子，探头接触被检查的电线。若电路是连通的，内装电池便将灯点亮；若电路不连通（有断路的地方），则灯不亮。

> **注意**
>
> 用有源试灯接带电的电路，会损坏试灯。

图4-3　有源测试灯

三、万用表

万用表有指针式万用表和数字式万用表两种，数字式万用表的测试准确度远远超过指针式万用表，普遍用于汽车电气诊断与检测。

不同的万用表功能及结构不尽相同，但基本都是由显示屏、功能按钮、量程选择开关、测试表笔插口等构成的，如图4-4所示。

数字式万用表可测量直流电压、交流电压、电阻、电流、频率、温度、二极管、电容等。

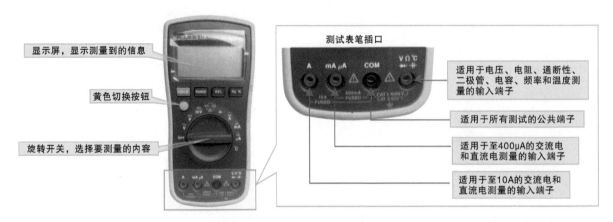

显示屏，显示测量到的信息

黄色切换按钮

旋转开关，选择要测量的内容

测试表笔插口

适用于电压、电阻、通断性、二极管、电容、频率和温度测量的输入端子

适用于所有测试的公共端子

适用于至400μA的交流电和直流电测量的输入端子

适用于至10A的交流电和直流电测量的输入端子

图4-4　数字式万用表

（1）测量交流和直流电压

① 将旋转开关转到"$\widetilde{V}$"、"$\overline{\overline{V}}$"或"$\overline{\overline{mV}}$"，选择交流电或直流电，如图4-5所示。

② 将红色测试导线插入"$^{V\Omega℃}_{\rightarrow\!\!\vdash *}$"端子并将黑色测试导线插入COM端子。

③ 将探针接触想要测量的电路测试点，测量电压。

④ 阅读显示屏上测出的电压。

（2）测量交流和直流电流

① 将旋转开关转到"$\widetilde{\overline{A}}$"、"$\widetilde{\overline{mA}}$"或"$\widetilde{\overline{\mu A}}$"。

② 按下黄色切换按钮，在交流或直流电流间切换。

③ 根据待测电流大小，将红色测试导线插入A、mA或μA端子，并将黑色测试导线插入COM端子。

④ 断开待测的电路，然后将测试导线串接断口并接通电源。

⑤ 阅读显示屏上测出的电流。

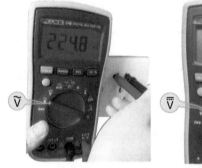

（a）测交流电压　　　　（b）测直流电压

图4-5　测量交流和直流电压

（3）测量电阻（图4-6）

① 将旋转开关转至"Ω"挡。确保已切断待测电路的电源。

② 将红色测试导线插入"$^{V\Omega℃}_{\rightarrow\!\!\vdash *}$"端子，并将黑色测试导线插入COM端子。

③ 将探针接触想要测量的电路测试点，测量电阻。

④ 阅读显示屏上测出的电阻。

（4）通断性测试

图4-6　测量线路的电阻

选中电阻模式，按两次黄色切换按钮可启动通断性蜂鸣器。若电阻不超过50Ω，蜂鸣器会发出连续音，表明短路。

（5）测试二极管（图4-7）

① 将旋转开关转至""挡。

② 按黄色切换按钮一次，启动二极管测试。

③ 将红色测试导线插入""端子并将黑色测试导线插入COM端子。

④ 将红色探针接到待测的二极管的阳极而黑色探针接到阴极。

⑤ 阅读显示屏上的正向偏压值。

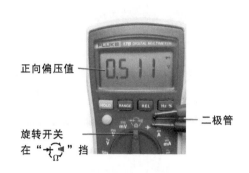

正向偏压值

二极管

旋转开关
在""挡

图4-7 测试二极管

第三节 电路检查方法

汽车电路发生的故障主要有：线路断路、线路与电源短路、线路与搭铁短路、线间短路、线路接触电阻增大、线路连接器插接松动、线路漏电、电气设备的损坏等。为了能迅速、准确地诊断出故障，下面介绍几种常见的电气故障检修方法。

一、直观诊断法

汽车电路发生故障时，有时会出现冒烟、火花、异响、焦臭、发热等异常现象。这些现象可通过人的眼、耳、鼻、手感觉到，从而可以直接判断出故障所在部位。如检查继电器时，可对继电器线圈端子供电，正常会听到"喀哒"声，手摸会有振动感；检查保险丝时，可取下保险丝，通过观察保险丝是否熔断来判断保险丝的好坏（如图4-8所示）。

此处已断开

坏　　　好

图4-8 直观法判断保险丝的好坏

二、断路法

断路法适合于电路系统发生搭铁（短路）故障的检查，方法是将怀疑有搭铁故障的电路段断开后，根据电气设备中搭铁故障是否还存在，判断电路搭铁的部位和原因。

例如：汽车行驶时，听到喇叭长鸣，则可以将喇叭继电器的开关控制线拔下，此时如果喇叭停鸣，则说明转向盘上的喇叭开关至继电器这段电路有搭铁现象。

三．短路法

短路法又叫跨接法，当汽车电路中出现断路故障时，可用跨接线将某段线路或某一电器跨接，观察仪表指针变化或电气设备工作状况，从而判断出该电路中是否存在断路故障。

例如：怀疑汽车电路中的某个开关有故障，可用跨接线将开关短接来判断开关是好还是坏。

四、试灯法

试灯法是利用试灯对线路故障进行诊断，判断出电路是否存在短路或断路故障。

如果保险丝熔断，说明电路存在短路故障，这时可用试灯进行检查。如图4-9所示，开关打开，断开负载，拆下熔断的保险丝，并将测试灯跨接在保险丝端子上，从保险丝盒旁开始，左右摆动导线，观察测试灯是否发光，如果测试灯发光，则说明该处附近导线对地短路。

五、万用表法

万用表法是利用万用表对故障器件和电路直接进行测量，读取有关数据（电阻、电流和电压等）后，再判断电路及器件是否存在故障的一种检测方法。

！注意

使用万用表时，如果是带电检测（指电路有电）须用电压挡。不带电检测用电阻挡，具体方法可参考万用表的使用说明。

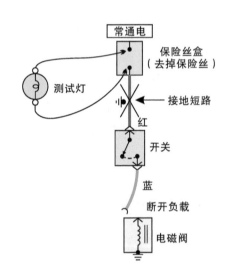

图4-9　用试灯检测线路

六、换件法

换件法在实际故障诊断中经常采用，即使用一个无故障的元件替换怀疑可能出现故障的元件，观察出现故障系统的工作情况，从而判断故障所在。采用换件法必须注意的是，在换件前要对其线路进行必要的检查，确保线路正常方可使用，否则会造成更大的损失。

七、仪器法

随着汽车电气设备的日趋复杂，在维修中，特别是维修装置电子设备较多的车辆，使用一些专用的仪器是十分必要的。

例如：检测点火、喷油系统时使用波形示波器，检测发动机电控系统时使用专用诊断仪。

参考文献

［1］宋广辉. 汽车电路与电子系统检修. 北京：清华大学出版社，2014.

［2］张军. 汽车电工电子技术基础. 北京：高等教育出版社，2014.

［3］李永力. 汽车电路和电子系统检修. 北京：机械工业出版社，2014.

［4］张华. 汽车电工电子技术. 第2版. 北京：北京理工大学出版社，2014.

［5］李子云. 汽车电工电子技术. 北京：清华大学出版社，2014.

［6］张振. 汽车电器构造与维修. 北京：中国电力出版社，2013.

［7］高丽洁. 汽车电工电子技术. 北京：华中理工大学出版社，2013.

［8］孙余凯，吴鸣山，项绮明. 汽车电路识图轻松入门. 北京：化学工业出版社，2013.

［9］浙江省教育厅职成教育教研室. 汽车电工电子技术基础. 北京：机械工业出版社，2013.

［10］黄志荣. 实用汽车电工电子技术. 第2版. 北京：高等教育出版社，2012.

［11］刘春晖. 汽车电工电子技术. 北京：机械工业出版社，2012.

［12］毛峰. 汽车电器. 北京：机械工业出版社，2011.

［13］季杰，吴敬静. 轻松看懂汽车电路图. 北京：化学工业出版社，2011.

［14］谭本忠. 汽车电路图识读入门. 北京：化学工业出版社，2011.

［15］高元伟，吕学前. 汽车电气设备构造与维修. 北京：人民交通出版社，2011.